NORA IMLAU

CRASHKURS
BABY

*Anleitung für Ungeübte
... garantiert ohne Schnickschnack*

Inhalt

EIN GUTER START

4
- 5 Willkommen, Baby!
- 8 Wie aus Bindung Beziehung wird
- 11 Die erste Zeit zu dritt
- 19 Formalkram nach der Geburt

ERST MAL GIBT'S MILCH

24
- 25 Ob Flasche oder Brust: Das gilt immer
- 27 Stillen
- 46 Fläschchen geben

RUNDUM GUT GEPFLEGT

54
- 55 Wickelkinder
- 61 Pflegen
- 66 Schick angezogen

GESUND BLEIBEN, GESUND WERDEN

68
- 69 Vorsorgen und Schutzimpfungen
- 75 Unser Baby ist krank

SCHLAF FÜR ALLE

78
- 79 Leicht einschlafen
- 84 Gute Nächte
- 88 Wenn sich etwas ändern muss
- 93 Sicher und geborgen schlafen

TRÖSTEN UND BERUHIGEN

- 97 Warum weinst du, Baby?
- 104 24-Stunden-Babys

GEMEINSAM UNTERWEGS

- 107 Tragen
- 111 Spazieren schieben
- 114 Auto fahren
- 116 Mit Fahrrad, Bahn und Flugzeug unterwegs

JETZT GIBT'S WAS AUF DEN TELLER

- 119 Beikoststart mit Brei und Fingerfood
- 128 Wenn ein Baby nicht essen will

TOLL, WAS DU SCHON KANNST!

- 131 So entwickelt sich ein Baby
- 138 Fördern

MAMA, PAPA, LIEBESPAAR

- 143 Wir sind jetzt ein Paar mit Kind
- 148 Endlich Mama!
- 151 Was für Eltern wollen wir sein?

SERVICE – ZUM NACHSCHLAGEN

- 156 Bücher, die weiterhelfen
- 157 Empfehlenswerte Internetseiten
- 158 Register
- 160 Impressum

EIN GUTER START

Jetzt geht's endlich richtig los! Die Geburt ist geschafft, das Baby ist da. Wer sein Neugeborenes zum ersten Mal im Arm hält, befühlt intuitiv seine Arme und Beine, berührt vorsichtig sein Gesicht, zählt die winzigen Finger, die Zehen. Alles Strategien, um zu begreifen, was da gerade passiert ist: Unser Kind ist geboren!

WILLKOMMEN, BABY!

Wie fühlt es sich wohl für ein Baby an, anzukommen auf der Welt nach neun Monaten Bauch? Klar: Ganz genau weiß das keiner. Aber dass die Umstellung nicht ohne ist, kann man sich gut vorstellen. Umso wichtiger, dass das Neugeborene besonders sanft und liebevoll empfangen wird.

Das hilft dem Baby beim Ankommen

Meist wird der Vater damit beauftragt: Nabelschnur-Durchschneiden als symbolischer Akt, der die Geburt abschließt. Neusten wissenschaftlichen Erkenntnissen zufolge sollte man sich damit allerdings Zeit lassen: Bleibt die Nabelschnur erst einmal dran, pumpt sie nach der Geburt noch eine Extraportion Blut aus der Plazenta zum Baby – eine optimale Starthilfe. Also: **Nicht sofort abnabeln.**

Neugeborene sehen oft aus wie eingecremt. Heute weiß man: Diese Käseschmiere ist die beste Bodylotion der Welt! Im Mutterleib sorgt sie dafür, dass das Fruchtwasser die Haut nicht aufweicht. Und nach der Geburt schützt sie das Baby vor schädlichen Keimen. Also: **Käseschmiere dranlassen** und mit dem Baden lieber warten!

Darf das Neugeborene **bald an die Brust,** also innerhalb der ersten anderthalb Stunden nach der Geburt, erleichtert das den Stillstart erheblich. Dass dabei nur ein paar Tropfen kommen, ist genau richtig: Die spezielle Neugeborenenmilch wird extra in Mini-Mengen geliefert, die den winzigen

Magen nicht belasten und trotzdem sättigen. Außerdem enthält sie Abwehrzellen aus dem Immunsystem der Mutter, die gefährliche Keime bekämpfen und das Baby so optimal vor Krankheiten schützen.

Studien haben gezeigt: Wenige Stunden alte Neugeborene drehen ihren Kopf intuitiv hin zu einem T-Shirt, das ihre Mama getragen hat – und weg von dem, das nach einer anderen Frau riecht: Sie erkennen den **vertrauten Geruch.** Auch wenn die vertraute Stimme von Mama oder Papa auf Tonband erklingt, reagieren sie interessiert, während fremde Stimmen sie ziemlich kaltlassen. Verstärkt wird dieser Effekt noch, wenn ein Herzschlag-Geräusch dazu eingespielt wird. Das alles zeigt: Es wirken tatsächlich Erinnerungen aus der Zeit im Bauch nach.

Warum Neugeborene so aussehen, wie sie aussehen

Nicht erschrecken: Meist sieht man den winzigen Babys an, dass auch für sie die Geburt nicht ganz ohne war. Frisch geschlüpfte Babys erinnern oft an Boxer nach einem schweren Kampf: etwas zerknautscht, kleine Schram-

Schnell nach Hause!

Manchmal ist es nach einer Geburt medizinisch notwendig, noch ein paar Tage in der Klinik zu bleiben. Ansonsten gilt: Besser schnell nach Hause! Denn die fremde Umgebung, der vorgegebene Tagesrhythmus und die vielen, sich oft widersprechenden Ratschläge im Krankenhaus machen den Start ins Familienleben oft schwerer, als er sein müsste.

men im Gesicht, geschwollene Augen. Der Grund: So ein Geburtskanal ist einfach ziemlich eng. Und oft stehen auch noch Scham- und Steißbein im Weg, an denen man sich beim Vorbeischieben leicht die Nase schrammt. **Bläuliche Hände und Füße** kommen ebenfalls vom großen Druck – sie wurden kurzzeitig zu wenig durchblutet. Für **die geschwollenen Augenlider** (und oft auch Geschlechtsteile) sind Hormone verantwortlich, die bei Geburtsbeginn im Körper der Mutter ausgeschüttet wurden.

In den Tagen nach der Geburt ist meist auch das **Köpfchen etwas schief.** Das liegt an einem genialen Trick der Natur: Babyköpfchen bestehen nämlich noch aus einzelnen verschiebbaren Knochenplatten, um sich dem Geburtskanal flexibel anpassen zu können. An besonders engen Stellen schieben sich die Platten sogar übereinander. Wer vorsichtig über das Köpfchen eines Neugeborenen streichelt, kann oft sogar die Rillen fühlen, wo sich noch zwei Schädelplatten überlagern.

Auch kleine weiße **Talgpickelchen**, Milien genannt, kommen bei Neugeborenen recht häufig vor. Jedes zweite Baby bekommt außerdem in den ersten Tagen nach der Geburt einen rötlichen knotigen Hautausschlag, das **Neugeborenen-Exanthem.** Ursache dafür ist die Hormonumstellung nach der Geburt. Doch keine Sorge: All diese kleinen Blessuren verschwinden innerhalb weniger Tage ganz von selbst.

Etwas länger erhalten bleibt Babys der sogenannte **Storchenbiss,** ein roter Hautfleck, der oft im Genick, seltener auch auf der Stirn oder am Augenlid vorkommt und sich im Lauf der ersten Lebensjahre zurückbildet.

Manche Babys kommen auch mit einem sogenannten **Blutschwämmchen** auf der Haut zur Welt, einer gutartigen Geschwulst, die der Kinderarzt zur Sicherheit dennoch genauer unter die Lupe nimmt. In seltenen Fällen ist es nötig, das Blutschwämmchen zu entfernen, meist wächst es sich von selbst aus, was allerdings einige Jahre dauern kann.

WIE AUS BINDUNG BEZIEHUNG WIRD

Es gehört nicht viel dazu, dass ein Neugeborenes sich an seine Eltern bindet – es kann gar nicht anders. Das liebevolle Annehmen und Erwidern dieses kindlichen Bindungsbedürfnisses durch die Eltern wird **Bonding** genannt. Wenn Bindung und Bonding ineinandergreifen, entwickelt sich daraus eine liebevolle, tragfähige Eltern-Kind-Beziehung.

Einfach zum Verlieben

Optimal fürs Bonding ist es, wenn Eltern und Baby die erste Stunde nach der Geburt weitgehend ungestört miteinander verbringen können. Eltern können selbst einiges dafür tun, dass dies gelingt. Etwa, indem sie einen Geburtsort wählen, der natürliche Geburten unterstützt, und vor der Geburt absprechen, ob es möglich ist, die U1 auf dem Bauch der Mutter liegend durchzuführen.

Erzwingen lassen sich solche idealen Bonding-Bedingungen leider nicht. Für alle Eltern, bei denen es anders lief, ist wichtig zu wissen: Die erste Stunde nach der Geburt macht den Beginn der **Eltern-Kind-Bindung** besonders leicht – unersetzlich ist sie nicht. Den nachweislich wichtigsten Schlüssel zu einer tiefen emotionalen Verbundenheit mit ihrem Baby haben Eltern immer in der Hand: Enger Körperkontakt ist die Bonding-Strategie schlechthin. Dadurch ermöglichen sie ihrem Baby, sein Urvertrauen zu entwickeln – das sichere Gefühl, dass die Welt ein guter Ort zum Leben ist und dass es sich auf Mama und Papa immer verlassen kann.

Liebe auf den zweiten Blick

Doch was, wenn die großen Gefühle einfach nicht kommen wollen? Wenn einem das eigene Baby, das einem doch so vertraut sein sollte wie kein anderer Mensch, seltsam fremd bleibt? Viele Eltern plagen dann heftige Schuldgefühle: Ich muss doch mein Baby lieben können! Dabei ist es vor allem nach schweren Geburten gar nicht ungewöhnlich, dass die Liebe zunächst auf sich warten lässt.

Die besten Bonding-Strategien

Der einfachste Weg, um eine liebevolle Bindung mit seinem Baby aufzubauen, besteht darin, ganz viel mit ihm zu kuscheln. Und so geht's:

- **Das Baby bei sich behalten.** Auch wenn es extra Säuglingszimmer gibt, in denen die Babys abgegeben werden können – Neugeborene können von Anfang an in Mamas Bett schlafen und fühlen sich dabei pudelwohl.

- **Häufig stillen.** Stillen nach Bedarf stärkt die Mutter-Kind-Bindung, regt die Milchproduktion an und lindert den Milcheinschuss.

- **Am Körper tragen.** Neugeborene sind Traglinge. Am wohlsten fühlen sie sich auf Mamas Arm. Dann beruhigen sich auch weinende Kinder schnell. Wenn das nicht hilft, hilft Stillen (siehe oben).

Dass die Liebe zum eigenen Kind sich manchmal erst verzögert einstellt, ist immer noch ein Tabuthema. Betroffene Mütter und Väter quält vor allem eine Angst: dass das jetzt für immer so bleibt. Doch alle Erkenntnisse moderner Bindungsforschung lassen nur einen Schluss zu: Was auch immer in den ersten Stunden, Tagen oder Wochen schiefgelaufen ist – es kann wieder ausgeglichen werden. **Elternliebe wächst mit jedem gemeinsamen Erlebnis,** mit jeder geteilten Erfahrung, mit jedem Kuscheln, jedem Trösten, jedem gemeinsamen Lachen.

Tipp

Nachhilfe für die Mutterliebe: das Baderitual

Für Mütter, die mit ihrem Baby einen schweren Start hatten, hat die auf traumatische Geburten spezialisierte Ärztin Dr. Katrin Mikolitch das Baderitual entwickelt. Und so geht's:

1 Das Baby wird **vom Vater gebadet,** die Mutter wartet mit nacktem Oberkörper im Bett.

2 Der Vater legt der Mutter **das noch nasse Baby auf den Bauch** und deckt beide zusammen zu.

3 **Die Mutter kuschelt** mit dem Baby und erklärt ihm, warum die Geburt anders lief als erhofft.

Das hilft, denn ein nacktes, nasses Baby auf den Bauch gelegt zu bekommen, wie es sonst direkt nach einer Geburt passiert, löst bei vielen Frauen ganz stark eben die Muttergefühle aus, die sie direkt nach der Geburt nicht entwickeln konnten, weil es die erste kuschelige Kennenlernsituation so nicht gab.

DIE ERSTE ZEIT ZU DRITT

Es gibt Dinge, auf die kann man sich nicht vorbereiten. Die widersprüchlichen Gefühle in den ersten Wochen mit Baby gehören dazu. Freude und Stolz mischen sich mit Kraftlosigkeit und Erschöpfung, Glück und Liebe mit Sorge und Angst. Junge Eltern brauchen jetzt vor allem zwei Dinge: tatkräftige Unterstützung bei dem ganz alltäglichen Kleinkram – und viel Zeit und Ruhe, um ihr Baby kennenzulernen.

Das Wochenbett

Das Wochenbett beginnt mit der Geburt und dauert sechs bis acht Wochen. Es ist eine Zeit, in der viel gleichzeitig passiert: Eltern lernen ihr Baby kennen – und das Baby seine Eltern. Der Körper der Mutter verändert sich nach Schwangerschaft und Geburt einen großen Schritt zurück in Richtung Normalzustand. Das kann manchmal auch schmerzhaft sein. Zum Beispiel wenn Geburtsverletzungen oder Kaiserschnittnarben langsam verheilen. Auch der Wochenfluss gehört in diese erste Zeit. Und auch wenn er manchmal nervt, erfüllt er eine wichtige Funktion.
Und natürlich kommt jede Menge Besuch, auch die Nachsorgehebamme schaut regelmäßig vorbei. Dass für junge Mütter früher in den ersten Wochen mit Baby strikte Bettruhe angeordnet war – daran erinnert nur noch der Name dieser turbulenten ersten Wochen. Dabei tut es Familien auch heute noch gut, wenn sie das Wochenbett zum Ausruhen und Ankommen im Familienleben nutzen.

Kleines Wochenbett-ABC

Augenringe sind sichtbare Zeichen des Schlafmangels. Treten bei jungen Eltern gehäuft auf, da Neugeborene meist den Unterschied zwischen Tag und Nacht noch nicht kennen.

Blähungen quälen in den ersten Tagen nach der Geburt leider nicht nur Babys, sondern sind auch bei Müttern eine Begleiterscheinung der beginnenden Rückbildung. Abhilfe schafft ein Verzicht auf Kaffee, stark gewürzte Speisen und kohlensäurehaltige Getränke.

Chips und andere kleine, kalorienreiche Snacks sind zwar nicht der Gipfel gesunder Ernährung – im Wochenbett aber oft genau das Richtige, weil junge Eltern im Stress gerne mal das Essen vergessen. Zusammen mit Studentenfutter in der ganzen Wohnung in kleinen Schalen aufgestellt, sorgen sie dafür, dass man beim Vorbeigehen immer mal hineingreift.

Dolly-Buster-Brüste sind am Tag des Milcheinschusses nicht ungewöhnlich. Da beim Stillen die Nachfrage das Angebot reguliert, ist es sinnvoll, die überschüssige Milch möglichst nicht abzupumpen (was die Milchbildung anregen würde), sondern vorsichtig auszustreichen.

Einmal-Stilleinlagen schützen, in den Still-BH gelegt, vor nassen Stellen auf dem T-Shirt, wenn die Milch zu fließen beginnt, ohne dass das Baby trinkt. Auswaschbare Stilleinlagen sind meist erst später eine Alternative, wenn nicht mehr so viel Milch aufgefangen werden muss.

Flockenwindeln sind weiße, rechteckige Riesen-Binden, die den ➜ Wochenfluss auffangen. In den ersten Tagen muss man oft drei übereinanderlegen. Spätestens nach fünf bis sechs Tagen reicht dann eine. Normale Binden sind für den Wochenfluss ungeeignet und Tampons tabu, weil sie die Infektionsgefahr erhöhen.

Gratulanten stehen im Wochenbett meist Schlange. Das ist schön – aber auch anstrengend. Deshalb: Besuche vor allem in den ersten Tagen kurz halten, Gäste bitten, alle Verpflegung selbst mitzubringen, und sich auch trauen, zu sagen, wenn man für Besuche noch nicht bereit ist.

Hebammen spielen im Wochenbett eine ganz zentrale Rolle. Eine gute Nachsorgehebamme begleitet beide Eltern einfühlsam und kompetent auf den ersten Schritten ins Familienleben. 16 Besuche zahlt die Kasse auf jeden Fall, weitere bei »besonderem Beratungsbedarf«.

Internet ist jetzt nützlich, um Essen zu bestellen, allen Leuten die neuesten Babyfotos zu zeigen und sich in Foren und Communitys mit anderen Eltern auszutauschen.

Jojoba-Öl ist optimal für Babymassagen geeignet. Diese helfen nicht nur beim Entspannen und »Entblähen«, sondern ermöglichen auch einen besonders innigen Kontakt.

Kondome sind unerlässlich, wenn Eltern während des ➜ Wochenflusses miteinander schlafen wollen; sonst könnten Keime in die noch blutende Gebärmutter gelangen. Den meisten Paaren ist im Wochenbett allerdings noch nicht nach Sex – dann können Kondome, mit Wasser gefüllt, im Eisfach gefroren und mit einem Tuch umwickelt, handliche Ice-Packs zum Kühlen schmerzender Dammnähte abgeben.

Lingerie der ganz besonderen Art bekommen Mütter direkt nach der Geburt angezogen: extra-dehnbare Netzunterhosen, in die die vielen ➜ Flockenwindeln passen, die anfangs nötig sind.

Muttermilch ist im Wochenbett überall: auf dem T-Shirt, im Bett und übers gesamte Baby verteilt. Doch keine Sorge: Hat sich das Stillen einmal eingespielt, fließt sie nur noch, wenn sie soll.

Nachwehen spüren Mütter, wenn sich die Gebärmutter wieder zusammenzieht – was vor allem beim Stillen passiert. Wird das Ziehen zu unangenehm, helfen stillverträgliche Schmerzmittel.

Oma und Opa zu werden ist für Eltern und Schwiegereltern ein unglaubliches Ereignis. Großeltern können durch ihre immense Anteilnahme eine große Hilfe sein, junge Eltern aber auch überfordern. Dann hilft nur die klare Ansage: Wir brauchen jetzt erst mal Zeit für uns.

Pizzaservice und Co. sind im Wochenbett genau das Richtige, wenn es niemanden gibt, der netterweise für die junge Familie kochen kann.

Quark kühlt und hilft deshalb super bei heißen, geschwollenen Brüsten, wie sie bei einem Milchstau auftreten. Daher für die gesamte Stillzeit immer einen großzügigen Vorrat im Kühlschrank aufbewahren! Ebenfalls hilfreich: gekühlte Kohlblätter, in den BH gelegt.

Rückbildungsgymnastik ist wichtig, damit der Beckenboden nach Schwangerschaft und Geburt nicht ausleiert. An der Frage, ob junge Mütter damit am besten gleich oder erst nach ein paar Wochen loslegen sollen, scheiden sich selbst unter Experten die Geister. Fest steht jedoch: Den Rückbildungskurs bei der Hebamme bezahlt die Krankenkasse, und er beginnt nicht vor Ablauf des Wochenbetts. Manchmal markiert der erste Termin auch die erste kurze Trennung von Mutter und Baby. Denn einige Kurse finden nur für Mütter statt. Wer keinen Babysitter hat, nimmt einfach eins der vielen Angebote für Mütter mit Kind in Anspruch.

Stillen ist eine Kunst, die man erst lernen muss. Das spüren viele Mütter im Wochenbett sehr deutlich. Drei Faktoren tragen entscheidend dazu bei, dass der Stillstart gelingt: Ruhe und Entspannung bei den ersten Versuchen, ein unterstützender Partner im Rücken und kompetente Beratung und Begleitung durch eine erfahrene Hebamme oder Stillberaterin.

Tipps zum Umgang mit dem Baby bekommen junge Eltern von allen Seiten. Nur umsetzen, was sich gut anfühlt!

U2 heißt die kinderärztliche Untersuchung von Neugeborenen, die zwischen dem dritten und dem zehnten Lebenstag stattfindet. Sind Mutter und Kind zu dem Zeitpunkt noch in der Klinik, wird sie dort gemacht, ansonsten kommen gute Kinderärzte auch zu der Familie nach Hause.

Vitamin K bekommen die meisten Neugeborenen direkt nach der Geburt, um Störungen der Blutgerinnung vorzubeugen. Bei der → U2 gibt's dann die zweite Dosis. Die meisten Kinderärzte raten Eltern außerdem, ihrem Baby im gesamten ersten Jahr täglich eine kleine Dosis Vitamin D in Form von Öl oder Tabletten zu geben.

Wochenfluss heißt die vaginale Blutung nach der Geburt. Nach natürlichen Geburten ist sie zunächst stark, wird dann allmählich immer weniger, bis sie nach vier bis sechs Wochen ganz aufhört. Nach Kaiserschnitten ist sie eher wie eine normale Regelblutung.

X-beliebige Einschlaftricks sind erlaubt, solange sie nur helfen. Wer sein Baby nicht auf dem Arm wegdösen lässt, aus Angst, es könne sich daran gewöhnen, macht sich selbst und seinem Kind nur das Leben schwer. Sanft umgewöhnen geht immer.

Y-Chromosomen-Träger können – abgesehen vom Stillen – alle Aufgaben rund ums Baby exakt genauso gut übernehmen wie Frauen. Weshalb das Wochenbett der ideale Zeitpunkt ist, um zumindest schon mal zwei Partnermonate zu nehmen.

Zärtlichkeit ist nicht nur im Umgang mit dem Neugeborenen wichtig. Auch Paare sollten in den stressigen ersten Wochen immer wieder bewusst zärtlich zueinander sein – sie haben gemeinsam Großartiges geleistet!

Ein guter Start

Unterstützung für junge Familien

Untersuchungen zeigen: Wie gut Paare mit dem Elternwerden klarkommen, hängt ganz entscheidend davon ab, wie gut sie sich im Wochenbett betreut und beraten fühlen und wie viel Entlastung sie in der ersten Zeit mit Baby bekommen.

Hilfe im Wochenbett

Mindestens 16-mal nach der Geburt, problemlos auch öfter, bekommt die junge Familie zu Hause Besuch von der Hebamme. Ihr Aufgabenspektrum ist groß: zuhören, beim Stillen unterstützen, zur Flaschennahrung beraten, den gesunden Verlauf der Rückbildung im Auge behalten, beim ersten Babybad helfen, Tipps zur Nabelpflege geben, über den ersten Babyblues helfen … Wird alles komplett von der Krankenkasse bezahlt.
Beim Suchen hilft zum Beispiel www.hebammen.de.
Weitere Unterstützung verspricht die Mütterpflegerin. Sie ist speziell dafür ausgebildet, Frauen im Wochenbett zu entlasten. Sie hilft bei der Pflege des Babys, kümmert sich aber auch um den Haushalt. Sie kauft ein, kocht, putzt und räumt auf, nimmt sich aber auch die Zeit für persönliche Gespräche. Die ideale Ergänzung zur Hebammen-Nachsorge! Die Kosten trägt in vielen Fällen (zumindest teilweise) die Krankenkasse.
Näheres unter www.muetterpflege.de.

Kompetente Beratung

Bei Fragen und Problemen rund ums Stillen ist die Stillberaterin die beste Ansprechpartnerin. Sie konkurriert nicht mit der Stillberatung der Hebamme, sondern ergänzt sie durch ihr Spezialwissen sinnvoll. Die meisten arbeiten ehrenamtlich und beraten kostenlos – abgesehen von den Telefongebühren. Kontaktdaten unter www.afs-stillen.de und www.lalecheliga.de.

Bei der Wahl der richtigen Tragehilfe hilft **die Trageberaterin**. Sie zeigt, wie man ein Tragetuch so bindet, dass man garantiert keine Rückenschmerzen bekommt, und gibt Tipps zum Tragen im Alltag. Kostenpunkt: Zwischen ca. 25 und ca. 50 Euro. Videoanleitungen zu den verschiedenen Bindeweisen gibt es auch auf YouTube, zum Beispiel von »NicoleSUT«.

Freunde und Familie

Das soziale Netzwerk sind alle, die im Wochenbett mit anpacken: Großeltern, Onkel, Tanten, Nachbarn und Freunde, die einkaufen, Wäsche waschen, selbst gekochte Suppe vorbeibringen. Am besten schon vor der Geburt absprechen, dass diese Hilfe das beste Geschenk zur Geburt ist!

Was tun gegen Babyblues?

Sorge und Verzweiflung gehören zum Wochenbett dazu – übrigens auch für Väter. Das hilft an trüben Tagen:

- **Ein gutes Gespräch,** zum Beispiel mit der Nachsorgehebamme, sowie Austausch mit anderen, die die Situation kennen (im »echten Leben« oder in einem Internetforum).
- **Ausreichend Schlaf,** also: Immer schlafen, wenn das Baby schläft!
- **Eine Runde Rückbildungsgymnastik** oder ein flotter Spaziergang an der frischen Luft.

Bei anhaltender Niedergeschlagenheit könnte eine Wochenbettdepression die Ursache sein. Dann bitte ärztlichen Rat suchen.

Eine faire Rollenverteilung

Studien belegen, dass sich die meisten Paare nicht darüber unterhalten, wie sie die Elternschaft ganz praktisch managen wollen. Doch darauf zu vertrauen, dass sich das alles schon ergeben wird, kann zum Problem werden – schließlich gehört eine als ungerecht erlebte Rollenverteilung zu den Hauptgründen für Beziehungsprobleme im Babyjahr. Spätestens im Wochenbett ist es wichtig, sich über folgende Fragen zu unterhalten:

- Worin besteht der Job desjenigen, der zu Hause bleibt: »nur« in der Versorgung des Babys? Oder soll »ganz nebenbei« auch noch der Haushalt erledigt werden?

- Soll es in Bezug auf das Baby Mama- und Papa-Aufgaben geben, oder machen beide alles?

- Was erwartet der Partner, der zu Hause ist, von dem, der arbeiten geht? Überstunden machen, damit das Geld reicht? Oder hoch und heilig versprochen täglich um fünf zu Hause sein?

- Was erwartet der Partner, der arbeiten geht, von demjenigen, der zu Hause bleibt? Beim Heimkommen möglichst sofort das Baby in den Arm gedrückt zu bekommen? Oder erst mal einen Moment Pause, wenn möglich?

- Wird diese Aufgabenverteilung auch mal getauscht? Und wenn ja: wann und wie lange? Wie kann der Partner, der arbeiten geht, den zu Hause bleibenden darin unterstützen, beruflich am Ball zu bleiben?

Egal welche Rollenverteilung dabei herauskommt: Wenn Eltern sich auf einen Weg geeinigt haben, ist eine der schwierigsten Klippen auf dem Weg vom Paar- zum Elternsein gemeistert.

FORMALKRAM NACH DER GEBURT

Anträge, Formulare, Behördengänge: Total langweilig, wenn man eigentlich gerade nur mit seinem neugeborenen Baby kuscheln will. Die schlechte Nachricht: Ein paar Formalitäten nach der Geburt sind trotzdem unvermeidlich. Die gute: Die Anträge für Elterngeld und Elternzeit kann man weitestgehend schon vor der Geburt fertig machen. Wissen Eltern, woran sie denken müssen und was ihnen zusteht, sind die restlichen Formalitäten oft in der Dauer eines Mittagsschlafs abgearbeitet.

Mutterschutz und Mutterschaftsgeld

Acht Wochen lang gilt für Mütter nach der Geburt absolutes Beschäftigungsverbot: der Mutterschutz. Nach der Geburt von Zwillingen, Frühchen oder Babys, die nach der Geburt weniger als 2500 Gramm wogen, verlängert er sich auf zwölf Wochen. Wenn Frauen in dieser Zeit nicht weiter ihr Gehalt bekommen, stehen ihnen Ausgleichszahlungen zu.

- Gesetzlich versicherte Mütter bekommen **13 Euro pro Tag** – auch Studentinnen und Selbstständige. Bei Arbeitnehmerinnen muss der Arbeitgeber die Summe so aufstocken, dass die Mutter am Ende ihr durchschnittliches Nettogehalt auf dem Konto hat.

- Privat versicherte Mütter haben es etwas schlechter getroffen: Sie bekommen einmalig eine **Pauschale von 210 Euro** statt des 13-Euro-Tagessatzes – der Arbeitgeber muss die Zahlung aber trotzdem nur so aufstocken, als hätten sie 13 Euro am Tag bekommen, sodass am Ende etwas weniger als gewohnt auf dem Konto landet.

- 400-Euro-Jobberinnen steht eine **Einmalzahlung von 210 Euro** zu.

- ALG-II-Empfängerinnen haben zusätzlich zum ALG-II-Bezug keinen Anspruch auf Mutterschaftsgeld. Sie können aber bereits in der Schwangerschaft einen Mehrbedarfs-Zuschlag (um bis zu 17 Prozent) beantragen. Zusätzlich wird die Anschaffung einer Babyausstattung finanziell unterstützt.

- Hausfrauen, die über ihren Mann versichert sind, haben keinen Anspruch auf Mutterschaftsgeld.

- Generell gilt: Mutterschaftsgeld muss man beantragen. Von selbst bekommt man es leider nicht. Gesetzlich versicherte Frauen wenden sich dazu an ihre Krankenkasse, privat versicherte Frauen sowie 400-Euro-Jobberinnen wenden sich an die Mutterschaftsgeldstelle des Bundesversicherungsamts (www.mutterschaftsgeld.de).

Checkliste

Woran Eltern denken müssen

- Baby innerhalb einer Woche beim Standesamt anmelden, wenn es nicht die Klinik macht.
- Geburtsurkunde in vierfacher Ausfertigung abholen.
- Kindergeld, Elterngeld sowie gegebenenfalls Mutterschaftsgeld beantragen.
- Baby bei der Krankenkasse anmelden (mit Geburtsurkunde).
- Bei unverheirateten Eltern: Zur Vaterschaftsanerkennung und Sorgerechtsregelung zum Jugendamt!

Elternzeit

Wer vor der Geburt fest angestellt war, hat hinterher Anspruch auf Elternzeit. Das heißt: Eltern haben das Recht, bis zum dritten Geburtstag ihres Kindes nicht an ihre Arbeitsstelle zurückzukehren, ohne dadurch ihren Job zu riskieren. Eins dieser drei Jahre können sie in Absprache mit ihrem Chef dabei auch in die Zeit zwischen dem dritten und dem achten Geburtstag legen. Prinzipiell können beide Eltern Elternzeit nehmen, sowohl gleichzeitig als auch nacheinander. Es ist aber auch möglich, dass nur die Mutter oder nur der Vater in Elternzeit geht – oder keiner von beiden. Wer in Elternzeit ist, darf trotzdem bis zu 30 Stunden in der Woche in Teilzeit arbeiten. Wer vor der Geburt länger als ein halbes Jahr in einem Betrieb mit mehr als 15 Mitarbeitern angestellt war, hat sogar einen **Rechtsanspruch auf eine Teilzeitstelle** – wenn keine dringenden betrieblichen Gründe dagegen sprechen. Eltern genießen außerdem während der Elternzeit einen besonderen Kündigungsschutz. Nach der Elternzeit haben sie das Recht, an ihre alte oder eine gleichwertige Stelle zurückzukehren.

Elterngeld

Alle Eltern, die eine Zeit lang auf Einkommen verzichten, um für ihr Kind da zu sein, können Elterngeld beantragen.

Die Spielregeln

- Bei Paaren kann ein Elternteil allein maximal zwölf Monate lang Elterngeld bekommen. Nehmen beide Eltern eine Auszeit vom Beruf, gibt es bis zu 14 Monate lang Elterngeld. Allerdings ist gesetzlich vorgeschrieben, dass dafür beide Partner je mindestens zwei Monate Elternzeit nehmen müssen – jedoch nicht am Stück.

- Alleinerziehende haben nach der Geburt 14 Monate lang Anspruch auf Elterngeld.

- Mutter und Vater können sowohl nacheinander als auch gleichzeitig Elterngeld beziehen. Es ist also auch möglich, gemeinsam sieben Monate im Job auszusetzen und in der Zeit doppelt Elterngeld zu beziehen.

- Wie viel Elterngeld es gibt, hängt vom Einkommen im Jahr vor der Geburt ab. Jeder Elternteil hat in den Monaten, in denen er Elterngeld bezieht, Anspruch auf einen bestimmten Prozentsatz seines vorherigen Nettoverdiensts – maximal aber 1800 Euro.

Elterngeld konkret

- Wer vor der Geburt mehr als 1240 Euro monatlich netto hatte, bekommt davon 65 Prozent erstattet.

- Wer vor der Geburt 1220 Euro monatlich netto hatte, bekommt davon 66 Prozent erstattet.

- Wer vor der Geburt zwischen 1000 und 1200 Euro monatlich netto hatte, kriegt 67 Prozent erstattet.

- Bei Nettoeinkommen unter 1000 Euro steigen die erstatteten Prozentsätze schrittweise bis auf 100 Prozent an.

- Alle anderen, die vor der Geburt ihres Kindes nicht erwerbstätig, aber auch nicht im ALG-II-Bezug waren, bekommen den Mindestsatz von 300 Euro Elterngeld im Monat.

- Das Mutterschaftsgeld sowie der Arbeitgeberzuschuss aus den ersten acht Wochen nach der Geburt wird aufs Elterngeld angerechnet, also von der ausgezahlten Summe abgezogen. Häufig gibt es in den ersten beiden Monaten nach der Geburt deshalb faktisch kein Elterngeld.

- Familien, die ALG II oder Kinderzuschlag zum Kindergeld bekommen, wird das Elterngeld vollständig auf ihr Einkommen angerechnet. Konkret heißt das: Meist werden die 300 Euro Elterngeld-Mindestsatz bei den anderen Bezügen sofort wieder abgezogen. Hatte allerdings ein Elternteil im Jahr vor der Geburt ein Einkommen, gibt es auch im ALG-II-Bezug einen Elterngeldfreibetrag. Damit werden maximal 300 Euro vom Elterngeld nicht aufs Einkommen angerechnet.

- Wer Elterngeld bekommt, darf nebenher bis zu 30 Stunden in der Woche arbeiten. Finanziell lohnt sich das selten: Das Elterngeld beträgt dann nämlich nur noch 67 Prozent der Differenz zwischen dem, was man früher verdient hat, und dem, was man jetzt in Teilzeit verdient.

Wichtig: Der Antrag auf Elterngeld muss bei der Bundeselterngeldstelle eingereicht werden – und das möglichst zügig, denn rückwirkend wird es nur für höchstens drei Monate ausbezahlt. Mit dem Elterngeldrechner unter http://www.bmfsfj.de/Elterngeldrechner/ lässt sich herausfinden, mit wie viel Geld man rechnen kann.

Kindergeld

Alle Eltern, die in Deutschland leben, haben Anspruch auf Kindergeld – von der Geburt an bis mindestens zum 18., spätestens zum 25. Geburtstag. 184 Euro im Monat Kindergeld gibt es jeweils fürs erste und zweite Kind, für weitere Kinder sogar noch etwas mehr. Auch das Kindergeld wird jedoch nicht automatisch ausbezahlt, sondern muss bei der zuständigen Familienkasse beantragt werden.

ERST MAL GIBT'S MILCH

Im Mutterleib kennen Babys keinen Hunger. Über die Nabelschnur bekommen sie kontinuierlich alles, was sie zum Wachsen brauchen. Nach der Geburt ist es dann Zeit für die erste Milch: Warm und lecker stillt sie Hunger und Durst – und das Bedürfnis nach Nähe gleich mit.

OB FLASCHE ODER BRUST: DAS GILT IMMER

Egal ob Stillen oder Fläschchengeben: Eltern wollen alles richtig machen. Zum Glück ist das in puncto Ernährung gar nicht so schwer. Am besten klappt das Füttern, wenn Eltern von Anfang an auf die Signale ihres Babys achten. Dann lernen sie schnell, diese richtig zu deuten.

Füttern nach Bedarf

Wie viel Milch ein Baby braucht, spürt es selbst am besten. Und gibt dann Zeichen: Schmatzt leise, saugt alles an, was ihm vor den Mund kommt, wendet suchend den Kopf hin und her. Erst wenn diese anfänglichen Signale übersehen werden, fängt ein Baby an zu schreien, um auf seine Bedürfnisse aufmerksam zu machen. Studien belegen: Bekommen Babys ihre Milch »nach Bedarf«, also immer wenn sie danach verlangen, gedeihen sie besser und schreien weniger als Babys, die nach Zeitplan gefüttert werden.

- Muttermilch sowie Pre-Nahrung können nach Bedarf gegeben werden. Sie sind so zusammengesetzt, dass ein Baby damit nicht überfüttert werden kann – egal, wie viel es trinkt. Alle anderen Pulvernahrungen (1er-, 2er- und 3er-Milch) sind mit zusätzlichen Kohlenhydraten und Zuckern versetzt, und deshalb fürs Füttern nach Bedarf ungeeignet.

- Einem Baby nach Bedarf Milch zu geben heißt nicht, dass es jedes Mal Milch bekommen muss, wenn es schreit. Babyweinen kann viele Gründe haben (Seite 97), und wenn die letzte Milchmahlzeit noch nicht lange zurückliegt, kann es gut sein, dass etwa Herumtragen besser hilft.

- Es ist völlig normal, dass es im Alltag zu Situationen kommt, in denen ein Baby nicht sofort seine Milch bekommen kann. Eltern müssen sich deshalb nicht sorgen: Weiß ein Baby, dass sein Hunger normalerweise prompt gestillt wird, kann es auch mal eine kurze Wartezeit wegstecken.

Nichts als Milch

Babys, die Milch nach Bedarf bekommen, brauchen bis zum Beikoststart keine zusätzliche Flüssigkeit, also weder Wasser noch Tee! Sowohl Muttermilch als auch Pre-Milch ist darauf ausgelegt, gleichzeitig Hunger und Durst zu stillen. Nur wenn ein Baby über längere Zeit hohes Fieber oder starken Durchfall hat, kann Extra-Flüssigkeit sinnvoll sein.

Nähe ist wichtig

Während ein Baby trinkt, stillt es nicht nur sein Bedürfnis nach Nahrung, sondern auch nach Nähe. Es braucht das Gefühl, gehalten und gestreichelt zu werden, genauso sehr wie die Kalorien, die es dabei zu sich nimmt. Stillbabys bekommen den engen Körperkontakt zur Mutter automatisch. Aber auch Babys, die mit der Flasche gefüttert werden, benötigen regelmäßige Streicheleinheiten. Deshalb ist es insbesondere bei Flaschenbabys wichtig, sie ihr Milchfläschchen nicht selbst halten zu lassen, sondern sie beim Trinken im Arm zu halten und ihren Blick zu erwidern. So wird aus jeder Fläschchenmahlzeit eine besondere Zeit zu zweit.

STILLEN

Stillen ist super. Kostet nichts, ist gesund und außerdem so kuschelig – das machen wir! So oder so ähnlich denken heute die meisten werdenden Eltern. Das ist ein Glück, weil Stillen die natürliche Ernährung für Menschenbabys ist. Muttermilch versorgt Babys in jedem Alter mit genau den Nährstoffen, die sie brauchen, und enthält außerdem lebendige Zellen, die ihr Immunsystem stärken und sie vor Krankheiten schützen.

Ganz einfach stillen

Einfach, praktisch, schön – so stellen sich Schwangere meist das Stillen vor. Und sie haben recht: Stillen ist genau so – wenn Mutter und Baby ein eingespieltes Stillteam geworden sind. Doch die Stillwirklichkeit kurz nach der Geburt sieht oft anders aus: Das Baby saugt nicht richtig an, wunde Brustwarzen schmerzen, und manche Stillmahlzeit dauert bis zu einer Stunde. Kein Wunder, dass es da Momente gibt, in denen einen fast der Mut verlässt. **Jetzt nur nicht aufgeben!** Denn nach ein paar Wochen hat sich meist alles wunderbar eingespielt.

Was viele Eltern nicht wissen: Auch wenn Stillen die natürlichste Sache der Welt ist – Stillen zu können ist keine Fähigkeit, die beim Mutterwerden einfach mitgeliefert wird. Sondern eher eine Kunst, die man erst lernen muss – und mit der richtigen Begleitung und Unterstützung auch gut lernen kann. Es ist ganz normal, wenn Mütter sich anfangs unsicher fühlen.

Wichtig ist nur, sich schnell Hilfe zu suchen. Im Krankenhaus stehen für alle Fragen rund ums Stillen Säuglingsschwestern, Hebammen und Stillberaterinnen zur Verfügung, die auch mehrmals am Tag vorbeischauen, um Mütter beim Anlegen zu unterstützen. Im Wochenbett zu Hause hilft die Nachsorgehebamme oder der Hausbesuch einer Stillberaterin (Seite 16).

Info

Das kann nur Stillen

Auch wenn Babys mit der Flasche gesund ernährt werden können, gibt es doch einige Bereiche, in denen die Natur einfach besser ist:

- Muttermilch ist immer hygienisch verpackt, richtig temperiert und sofort verfügbar.

- Muttermilch liefert immer die Nährstoffe, die das Baby gerade braucht.

- Bei jeder Stillmahlzeit bekommt das Baby erst durstlöschende, kalorienarme Milch, dann sättigende, fettreichere Milch und zum Schluss besonders sahnige Milch zum »Nachtisch«.

- Erkrankt die Mutter während der Stillzeit, gibt sie die entsprechenden Antikörper durch die Milch ans Baby.

- Stillen prägt das Immunsystem fürs ganze Leben und senkt das Risiko, jemals an Asthma, Diabetes sowie verschiedenen Krebsarten zu erkranken.

- Stillende Mütter haben weniger Probleme bei der Rückbildung, erreichen schneller wieder ihr Vor-Schwangerschaftsgewicht und werden im weiteren Leben seltener übergewichtig.

Kleine Helfer für entspanntes Stillen

Im Grunde braucht eine Frau zum Stillen nichts anderes als ihre Brust und ihr Baby. Und doch sind einige praktische Anschaffungen für die Stillzeit sinnvoll – schließlich sollen es alle Beteiligten besonders bequem haben.

Guter Halt für schwere Brüste

Das Besondere an einem Still-BH ist, dass man das Baby leicht an die Brust legen kann, ohne sich halb auszuziehen. Es gibt hochwertig verarbeitete und sehr schöne **Modelle aus Mikrofaser** – die Mütter sich allerdings am besten erst kaufen, wenn das Baby da ist. Denn erst nach Ende des Milcheinschusses lässt sich ungefähr absehen, bei welcher Körbchengröße es in der Stillzeit bleibt. Für die erste Zeit nach der Geburt deshalb am besten nur zwei ganz billige Baumwoll-Still-BHs aus der Drogerie besorgen.

Wenn die Brust überläuft: Stilleinlagen

Nervig, aber wahr: In den ersten Wochen läuft die Milch oft auch, wenn das Baby gar nicht trinkt. Dann schützen Stilleinlagen vor feuchten Flecken auf dem Shirt. Gute Idee: Schon vor der Geburt eine Packung **Einweg-Stilleinlagen** kaufen – gibt's im 60er-Pack günstig im Drogeriemarkt.

Einfach nur bequem: Stillkissen

Früher kannte sie kein Mensch, heute gehören die fast zwei Meter langen Stoffwürste in Geburtshäusern und auf Wöchnerinnen-Stationen zur Grundausstattung. Man kann das Baby zum Stillen darauf ablegen, um Schultern und Arme zu entlasten. Außerdem entspannt so ein Kissen in der Schwangerschaft beim Schlafen Bauch und Rücken und kann nach der Geburt dem Baby als **gemütliches Nestchen** dienen. Einen zweiten Bezug zum Wechseln nicht vergessen!

Die ABC-Regel für den Stillstart

Anlegen dem Baby überlassen! Ganz wichtig beim Stillen ist, dass das Baby nicht nur die Brustwarze im Mund hat, sondern auch ein ganzes Stück der feinen, dünnen Haut um die Brustwarze herum. Viele Stillprobleme haben ihren Ursprung in einer falschen Anlegetechnik, die zu schmerzhaften Entzündungen führen kann. Dabei gibt es einen einfachen Trick, wie man das Baby von Anfang an optimal anlegt: Man steckt ihm nicht irgendwie die Brustwarze in den Mund, sondern lässt es selbst ansaugen! Am leichtesten geht das, wenn das Baby schon suchend sein Köpfchen hin und her bewegt und mit dem kleinen Mund in die Luft schnappt. Denn so sagt das Baby: »Jetzt hab ich aber Hunger!« Faustregel: Nicht die Brust zum Kind, sondern das **Kind zur Brust** führen – dann öffnet es selbst sein Mündchen und »schnappt« so nach der Brust, dass es von allein gut ansaugen kann.

Bauch an Bauch ist die bestmögliche Stillposition. Egal, ob Mütter im Sitzen oder im Liegen stillen – am besten klappt's, wenn sich das Baby mit seinem ganzen Oberkörper **frontal ankuscheln** kann und nicht den Kopf drehen muss, um an die Brust zu kommen. Ein Stillkissen im Rücken oder auf dem Schoß hilft dabei, eine für alle bequeme Position zu finden.

Cluster-Feeding bedeutet, dass ein Baby in engen Zeitabständen immer wieder kleine Mengen Milch zu sich nimmt, anstatt alle paar Stunden ganz viel auf einmal zu trinken – es wird **nach Bedarf** gestillt. Cluster-Feeding entspricht dem natürlichen Trinkverhalten von Babys. Vor allem bei Neugeborenen ist der Magen noch so winzig, dass sie Bauchweh bekommen, wenn sie viel auf einmal trinken. Deshalb ist es wichtig, zu wissen: Wenn ein Baby alle halbe Stunde an die Brust will, heißt das nicht, dass es vom Stillen nicht satt wird – es trinkt seine Milch nur lieber häppchenweise, weil es sie so besser verträgt.

Stillen

DIE WICHTIGSTEN HANDGRIFFE

1 Das Baby zur Brust führen, nicht umgekehrt.

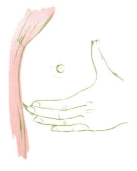

2 Mit dem C-Griff bieten viele Mütter ihrem Baby die Brust an.

3 Um das Baby vorsichtig von der Brust abzulösen (zum Beispiel weil es eingeschlafen ist), löst man mit dem kleinen Finger im Mundwinkel des Babys das Vakuum.

4 Nach dem Stillen aufzustoßen tut vielen Babys gut – zwingend notwendig ist es nicht. Vor allem beim nächtlichen Stillen im Liegen trinken viele Babys so ruhig, dass sie kaum Luft schlucken – und deshalb auch ohne Bäuerchen wieder einschlafen.

Stillpositionen

Meist sind Mütter froh, wenn sie erst mal eine Position gefunden haben, in der sie gut stillen können. Sich anfangs zum Abwechseln der Positionen zu zwingen, ist nur unnötiger Stress – außer die Brust ist wund oder gestaut: Dann wirkt eine neue Position manchmal Wunder. Ansonsten gilt: Ruhig erst mal mit einer Stillhaltung sicher werden. Und dann irgendwann die Positionen wechseln. Nicht andersrum.

Back to Basics: der einfache Wiegegriff

Die Mutter hat ihr Baby »gut im Griff« und kann es auf dem Arm wie auf einem Tablett so zur Brust führen, dass es gut ansaugen kann. Es ist hilfreich, diesen Griff erst mal »freestyle« zu beherrschen, um zu wissen: In dieser Position kann ich notfalls überall stillen, ob im Café, im Bus oder im Wartezimmer. Dann zur komfortableren Variante übergehen: Rücken bequem polstern, Ellbogen und Unterarm auf einem Kissen abstützen.

Nach einem Kaiserschnitt, wenn die Mutter sich noch nicht aufsetzen kann: Der Wiegegriff funktioniert auch im Halbliegen, mit vielen Kissen im Rücken oder auf einem schräg gestellten Bett. Dann stellt man am besten die Knie auf, legt sich ein dickes Kissen über die Bauchwunde und hält das Baby möglichst weit oben.

Stillen im Liegen

Nächte mit Baby werden einfacher, wenn man das Stillen im Liegen beherrscht. Es ist allerdings ganz normal, wenn das Stillen im Liegen erst nach sechs bis acht Wochen reibungslos klappt – je größer Babys werden, desto leichter ist das Handling seitlings im Bett. Nach Lehrbuch muss man sich beim Stillen im Liegen umdrehen und das Baby auf die andere Seite legen, wenn die zweite Brust dran ist. Im wirklichen Leben finden es manche Stillmütter bequemer, sich einfach etwas mehr auf den Bauch zu drehen und die zweite Brust sozusagen von oben zu geben.

Favorit für nachts

Spezialität

Stillen im Football-Griff

Für Neu-Mütter eine ziemlich schwierige Stillposition, in manchen Situationen aber Gold wert: zum Beispiel bei einem Milchstau, oder wenn nach einem Kaiserschnitt bei anderen Stillpositionen zu viel Druck auf die Wunde kommt. Außerdem können Zwillingsmütter in dieser Position beide Kinder gleichzeitig stillen. Auch Frauen mit sehr großen Brüsten kommen mit dem Football-Griff oft besonders gut klar.

Stillen: die erste Woche

1. Tag: Das Baby darf sich nach der Geburt selbst andocken und trinkt die ersten Schlucke Kolostrum. Von dieser speziellen Neugeborenenmilch sättigen das Baby bereits wenige Tropfen, versorgen es mit Vitamin K und Vitamin D und wirken wie eine erste natürliche Schutzimpfung.

2. Tag: Nun ist es wichtig, das Baby möglichst oft an die Brust zu legen. Im Schnitt trinken die meisten Babys jetzt etwa sechs- bis achtmal in 24 Stunden. Wie lange sie dabei an der Brust saugen, ist jetzt noch nicht entscheidend. Häufige kleine Milchmahlzeiten erleichtern nun der Brust die Umstellung auf die »richtige« Muttermilch.

3. bis 4. Tag: Jetzt schießt bei den meisten Frauen die reife Muttermilch in die Brüste ein. Und zwar häufig gleich in großer Menge. Die Brust fühlt sich dabei oft fast schmerzhaft prall an, das Baby kann die Brustwarze kaum fassen. Schwierige Tage, auch stimmungsmäßig. Was hilft: Das Baby möglichst oft anlegen, die Brust kühlen, überschüssige Milch vorsichtig ausstreichen, aber nicht abpumpen. Jetzt wollen Babys 8- bis 15-mal in 24 Stunden Milch trinken!

5. bis 6. Tag: Der Milcheinschuss ist überstanden, langsam entspannt sich die Lage – wenn keine Stillprobleme (Seite 40) auftreten. Damit genug Milch gebildet wird, muss das Baby aber immer noch mindestens 8- bis 10-mal in 24 Stunden an der Brust trinken. Aber auch 20 Stillmahlzeiten in 24 Stunden sind jetzt völlig normal.

7. Tag: Jetzt legt sich meist der erste Ansturm auf die Brust. Das Baby will im Schnitt etwa 8- bis 10-mal in 24 Stunden gestillt werden – Tag und Nacht. Und auf diesem Niveau bleibt der Stillbedarf meist mindestens bis zum Ende des Wochenbetts.

Gestillte Babys

Ausscheidung, Ernährung und Gewicht entwickeln sich bei Stillbabys oft nicht so regelmäßig wie bei Flaschenbabys. Hier die wichtigsten Eckdaten, die Eltern viel Kopfzerbrechen ersparen können.

Ausscheidungen

Wie oft Babys Stuhlgang haben, ist extrem unterschiedlich. Zwischen **zehnmal am Tag und einmal in zehn Tagen** ist alles normal und kein Grund zur Sorge. Auch in Farbe und Konsistenz ist der Stuhl gestillter Babys sehr wandelbar: Nach dem ersten, schwarzen, klebrigen Stuhlgang direkt nach der Geburt schließt sich meist eine Phase an, in der Babys grünlich-schleimigen Stuhlgang produzieren, bevor sie ihre Windeln mit dem typischen orangegelben, süßlich riechenden Muttermilchstuhl füllen.

»Spuckbabys«

Bei fast allen Babys kommt beim Aufstoßen ein wenig Milch mit. Bei Spuckbabys ist es jedoch ein ganzer Schwall, sodass danach oft das ganze Baby durchnässt ist. Die Sorge, das Baby könne dadurch zu wenig im Magen behalten, ist allerdings meist unbegründet: Solange ihr Spuckbaby normal zunimmt, bekommt es auch genügend Milch.

Kleine Buddhas

Von rank und schlank über normal bis hin zu moppelig: All das ist für Stillbabys normal. Für Eltern besonders schwerer Babys ist es wichtig zu wissen, dass man **ein Baby mit Muttermilch nicht überfüttern kann.** Das heißt: Fast egal, wie moppelig ein Baby ist – solange es ausschließlich gestillt wird, ist sein Speck kein Grund zur Sorge. Nur selten wird der Kinderarzt empfehlen, es auf Stoffwechselerkrankungen hin testen zu lassen.

FAQs zum Stillen

Woher weiß die Brust, wie viel Milch das Baby braucht?

Damit jedes Baby wirklich so viel Milch bekommt, wie es gerade braucht, regelt beim Stillen die Nachfrage das Angebot:

- Hört das Baby zu trinken auf, obwohl die Brust noch halb voll ist, speichert der Körper der Mutter: Das war zu viel, bitte nächstes Mal weniger!

- Saugt das Baby noch kräftig an der fast leeren Brust, registriert der Körper der Mutter: Hier wird noch mehr Milch gebraucht!

- Trinkt das Baby im Tagesverlauf unterschiedlich viel, stellt sich die Brust auch darauf ein und stellt immer nur die benötigte Milchmenge bereit.

- Der weibliche Körper ist immer auch in der Lage, kurzfristig auf einen Mehrbedarf an Milch zu reagieren. Saugt das Baby noch hungrig, obwohl kaum noch Milch da ist, produziert die Brust seiner Mutter sofort schnell verfügbare neue Milch und füllt die Reserven sozusagen, während sie geleert werden. Eine leergetrunkene Brust gibt es also nicht!

Wie viel soll das Baby trinken?

Früher hat man Eltern geraten, ihr Baby vor und nach dem Stillen zu wiegen, um herauszufinden, ob und wie viel es getrunken hat. Heute weiß man: Das macht nur unnötig kirre und stört die Stillbeziehung. Wenn sich das Baby normal entwickelt, sollte es ab dem dritten Lebenstag täglich entweder mindestens fünf nasse, schwere Wegwerfwindeln produzieren oder sechs- bis achtmal täglich in die Stoffwindel oder ins Töpfchen pinkeln (Seite 60). Dann ist alles gut.

Gibt es einen Mindestabstand zwischen zwei Stillmahlzeiten?

Nein. Dass man mindestens zwei Stunden warten soll, weil neue Milch auf alter Milch Bauchschmerzen macht, ist längst widerlegt. Das Baby kann problemlos **immer dann trinken, wenn es Hunger hat.**

Soll das Baby immer auf beiden Seiten trinken?

Dafür spricht, dass das Saugen auf beiden Seiten die Milchbildung besonders gut anregt. Es ist aber **kein Gesetz,** dass ein Baby jedes Mal an beiden Brüsten trinken muss. Schläft das Baby etwa beim Trinken an der »ersten« Brust ein, ist Aufwecken nicht nötig. Manchen Babys reicht einfach auch eine Brust pro Milchmahlzeit – das ist kein Problem.

Ist es egal, an welcher Brust das Baby zuerst trinkt?

Nicht ganz. Kriegt ein Baby immer dieselbe Seite zuerst, wenn es noch sehr hungrig ist, und trinkt an der zweiten schon fast satt, beeinflusst das die Milchbildung: Da, wo es schwächer saugt, wird auch weniger Milch produziert. **Deshalb ist es gut, immer abzuwechseln.** Ein Ring oder ein Armband, mal links und mal rechts getragen, können daran erinnern, welche Seite »dran« ist. Vergisst man es mal, ist das aber auch kein Drama.

Darf man Neugeborenen schon einen Schnuller anbieten?

Babys wissen intuitiv, wie sie an der Brust saugen müssen. Aber sie lassen sich leicht verunsichern: Bekommen sie in den ersten sechs bis acht Lebenswochen einen Schnuller oder ein Fläschchen, an dem sie automatisch anders nuckeln, versuchen sie es danach oft auch so an der Brust. Diese sogenannte Saugverwirrung kann, wenn es dumm läuft, zu Stillproblemen führen – also das Baby, bis sich das Stillen sicher eingespielt hat, möglichst nicht an künstlichen Saugern nuckeln lassen.

Stillprobleme lösen

Befragt man Mütter, bei denen es mit dem Stillen nicht geklappt hat, woran das lag, nennen sie vor allem zwei Gründe: Entweder weil sie das Gefühl hatten, ihr Baby würde an der Brust nicht satt. Oder weil sie beim Stillen starke Schmerzen hatten. Oft kommen auch beide Gründe zusammen. Die meisten Frauen stillen also aufgrund von Stillproblemen ab, die sich mit kompetenter Beratung in den meisten Fällen lösen ließen.

Stillen: So geht's auch

Für ein Baby ist es optimal, in den ersten vier bis sechs Lebensmonaten voll gestillt zu werden. Es gibt aber Gründe, aus denen manche Kinder nicht voll gestillt werden können. Diese müssen aber nicht ganz auf Muttermilch verzichten. Schließlich gibt's auch noch folgende Möglichkeiten:

- **Pumpstillen.** Wird ein Baby pumpgestillt, bedeutet das: Das Baby bekommt Muttermilch – aber weil es nicht direkt an der Brust trinken kann, pumpt die Mutter ihre Milch ab (Seite 44). Das Baby trinkt sie aus der Flasche. So können beispielsweise Frühchen gestillt werden.

- **Teilstillen.** Wird ein Baby teilgestillt, bedeutet das: Das Baby bekommt Muttermilch, aber nicht ausschließlich, sondern die Stillmahlzeiten werden durch Fläschchen mit Pulvermilch ergänzt. Dabei trinkt das Baby zunächst an der Brust, bekommt danach jedoch noch Extra-Kalorien per Fläschchen. So können auch Mütter stillen, bei denen die Hebamme oder der Kinderarzt festgestellt haben, dass ihre Babys an der Brust allein nicht genug Milch bekommen, und bei denen alle Maßnahmen zur Steigerung der Milchmenge (Seite 40) nicht erfolgreich waren.

Stillberatung

Dass die Brustwarzen in den ersten Stilltagen rötlich und besonders empfindlich werden und beim Ansaugen des Babys an der Brust leicht schmerzen, ist eine normale Anpassungserscheinung, die sich meist von selbst nach ein bis zwei Tagen wieder verliert. Wenn die Brust jedoch wirklich wehtut, die Milchbildung nicht richtig in Gang kommt oder die Mutter das Stillen aus irgendwelchen sonstigen Gründen als belastend empfindet, ist es wichtig, sich schnellstmöglich um kompetente Stillberatung zu kümmern. So einfühlsam viele Hebammen den Stillstart begleiten: Bei Stillproblemen ist es immer sinnvoll, eine Stillberaterin ins Boot zu holen.

- **Ehrenamtliche Stillberaterinnen** sind in den meisten Fällen stillerfahrene Mütter, die in einer der beiden großen Stillorganisationen eine Ausbildung gemacht haben, die sie dafür qualifiziert, Frauen bei allen Fragen vom ersten Anlegen bis zum Abstillen zu unterstützen. Bei Stillproblemen kommen sie kostenlos zu stillenden Müttern nach Hause.

- Bei schweren Fällen ziehen die ehrenamtlichen Stillberaterinnen meist **professionelle Stillberaterinnen** (International Board Certified Lactation Consultants, kurz IBCLC) beratend hinzu. Eltern können diese aber auch selbst kontaktieren. IBCLCs haben grundsätzlich eine medizinische und zusätzlich eine umfangreiche Ausbildung abgeschlossen, die sie für die Beratung auch in sehr schwierigen Stillsituationen qualifiziert.

Auf den Internetseiten der beiden großen deutschen Stillorganisationen finden Eltern nach Postleitzahlen sortierte Beraterinnen-Listen:

- La Leche Liga Deutschland: www.laleche liga.de

- Arbeitsgemeinschaft freier Stillgruppen: www.afs-stillen.de

Checkliste

Stillprobleme – das hilft!

ZU VIEL MILCH:
- Das Baby bei jedem Stillen nur an einer Seite trinken lassen.
- Die nicht angebotene Brust notfalls ausstreichen, nicht abpumpen.
- Die Brust vor dem Stillen wärmen, nach dem Stillen kühlen.
- Täglich ein bis vier Tassen Pfefferminztee, in besonders schweren Fällen auch Salbeitee trinken.

ZU WENIG MILCH:
- Mit dem Baby ins Bett kuscheln und jede Stunde anlegen.
- Das Baby so viel tragen und streicheln wie möglich: Enger Körperkontakt regt die Milchbildung an!
- Das Baby während des Trinkens mehrmals an jeder Brust trinken lassen.
- Über den Tag verteilt Malzbier sowie Fenchel-Kümmel-Anis-Tee trinken.

Achtung: Sorgen sich Eltern, ihr Baby könnte unterversorgt sein, lassen die die Gewichtsentwicklung am besten von Hebamme oder Kinderarzt überprüfen. Nur in sehr seltenen Fällen reicht die Milch tatsächlich nicht. Dann ist Zwiemilch-Ernährung die beste Lösung: Die Mutter stillt weiter, während eine feste Milchmenge täglich zugefüttert wird.

WUNDE BRUSTWARZEN:
- Nach dem Stillen etwas Muttermilch um die Brustwarze herum verteilen und antrocknen lassen.
- Viel frische Luft und wenn möglich Sonne an die Brust lassen.
- Kühlende Seiden- oder HydroGel-Stilleinlagen verwenden.

Achtung: Werden die Schmerzen stärker, entzündet sich die Brust oder sieht man Verletzungen an der Brustwarze oder drum herum, unbedingt sofort die Nachsorgehebamme und eine Stillberaterin konsultieren, denn es könnte eine ernsthafte Infektionskrankheit wie zum Beispiel Soor dahinterstecken, die ohne medikamentöse Behandlung nicht weggeht!

MILCHSTAU:
- Zwei bis drei Tage konsequent im Bett bleiben und ausruhen. Am besten zusammen mit dem Baby.
- Das Baby so anlegen, dass es mit seinem Kinn die schmerzende, harte Stelle massiert.
- Das Baby so häufig wie möglich stillen. Dabei die gestaute Brust ruhig einige Male zuerst anlegen, bis der Druck nachlässt, dann wieder zum gewohnten Seitenrhythmus zurückkehren.
- Vor dem Stillen wärmen, nach dem Stillen kühlen – zum Beispiel mit Quark oder Joghurt, der auf ein Küchentuch gestrichen und um die Brust gelegt wird, mit Kohlblättern aus dem Kühlschrank oder mit Retterspitzumschlägen.

Achtung: Wird der Milchstau nicht nach 24 Stunden spürbar besser, kann sich daraus leicht eine Brustdrüsenentzündung entwickeln. Typische Erkennungszeichen sind schnell ansteigendes, hohes Fieber, Schüttelfrost, Kopfschmerzen und Übelkeit. In diesem Fall ist es leider meist unverzichtbar, dass die Mutter mit stillverträglichen (!) Medikamenten (Seite 42) behandelt wird. Die Nachsorgehebamme überweist Mutter und Baby dafür zusammen ins Krankenhaus.

Medikamente in der Stillzeit

Wird eine Mutter in der Stillzeit krank und muss Medikamente nehmen, raten viele Ärzte zum Abstillen. Dabei gibt es in den allermeisten Fällen Präparate, die in der Stillzeit unbesorgt eingenommen werden können! Nur in seltenen Fällen ist es nötig, das Stillen zu unterbrechen, solange die Mutter Medikamente einnehmen muss. Für viele Babys ist das kein Problem, bei ihnen ist einfach die Freude groß, wenn sie wieder an die Brust dürfen. Manche Babys tun sich damit aber schwer. In diesem Fall kann die Mutter die Gelegenheit zum Abstillen nutzen und auf altersgerechte Kost umsteigen. Wenn die Mutter dazu noch nicht bereit ist, hilft unter Umständen ein **Brusternährungsset.** Dabei bekommt das Baby beim Saugen an der Brust durch einen kleinen Schlauch zusätzlich Pulvermilch oder abgepumpte Muttermilch. Also saugt es weiter, regt dadurch die Milchproduktion an und gewöhnt sich nicht ab, an der Brust zu trinken.

Stillverträgliche Medikamente

Auf der Internetseite des Beratungszentrums für Embryonaltoxikologie (www.embryotox.de) können Eltern nachlesen, welche stillverträglichen Medikamente bei welcher Erkrankung verwendet werden können. Wer eine spezielle Frage hat, kann ein Online-Formular ausfüllen und wird dann zurückgerufen.

Wenn Stillen nur noch schrecklich ist

Die meisten Stillprobleme lassen sich mit guter Beratung und Begleitung zum Glück innerhalb weniger Tage lösen. Doch es wäre nicht fair, zu verschweigen, dass es auch anders laufen kann. Bis schlimm wunde Brustwarzen komplett abgeheilt sind, können Wochen vergehen. Mütter, die zu Krämpfen in der Brustwarze neigen, können manchmal monatelang nur mit zusammengebissenen Zähnen stillen, und bei jedem Ansaugen schießen ihnen die Tränen in die Augen. Wenn das Stillen so schwer ist, stellt sich die Frage: Ist es das wert? Diese Frage kann nur eine Person beantworten: die stillende Mutter selbst. Die größte Hilfe für sie ist in dieser schwierigen Situation ein Umfeld, das sie zu keiner Entscheidung für oder gegen das Stillen drängt, sondern sie ihre **eigene Entscheidung** treffen lässt.

- Untersuchungen zeigen: Frauen, die sich aus freien Stücken dazu entscheiden, nicht weiter zu stillen, kommen damit deutlich besser klar als Mütter, die abstillen, weil der Vater es nicht mehr mit ansehen kann oder der Frauenarzt sagt, die Quälerei habe doch ohnehin keinen Sinn.

- Klar ist auch, dass Babys sehr gut gedeihen können und sich ganz normal entwickeln, wenn sie mit der Flasche großgezogen werden. Denn wichtig ist für Babys vor allem eins: dass Mama und Papa ihnen mit beständiger liebevoller Zuwendung begegnen.

- Welche Entscheidung für das Baby besser ist, lässt sich schwer sagen. Auch Stillen mit zusammengebissenen Zähnen versorgt es mit wertvollen Immunabwehrstoffen und schützt es vor dem plötzlichen Kindstod (Seite 93). Andererseits ist es für die Mutter-Kind-Bindung wichtig, dass das Baby spürt, dass seine Mutter gern mit ihm zusammen ist – und dass auch auf Seiten der Mutter Stillprobleme nicht alle gemeinsamen Glücksmomente überschatten.

- Will eine Mutter trotz arger Stillprobleme unbedingt stillen, hilft ihr dabei vor allem die beständige **emotionale Unterstützung** durch ihren Partner sowie ihre Hebamme. Sind die Stillprobleme dann endlich überstanden, stillen diese Mütter oft länger und lieber als andere Frauen.

Abpumpen und Aufbewahren

Als stillende Mutter ist man immer im Einsatz, kann ohne Baby höchstens für ein paar Stunden aus dem Haus. Zum Glück schmeckt Babys auch abgepumpte Milch – und Stillmütter gewinnen ein wenig Freiheit zurück.

Die passende Milchpumpe

Mütter, die Milch abpumpen wollen, haben die Wahl zwischen zwei verschiedenen Systemen: Die manuelle Milchpumpe ist den meisten Frauen fürs gelegentliche Abpumpen angenehmer, weil sie dabei selbst in der Hand haben, wann wie viel Milch kommen soll. **Handpumpen** sind im Babyfachhandel erhältlich. Gebrauchte findet man günstig manchmal auch auf Babybasaren. Die **elektrische Milchpumpe,** bei der zusätzlich ein Motor angeschlossen werden kann, ist vor allem eine sinnvolle Anschaffung, wenn die Mutter regelmäßig größere Mengen Milch abpumpt. Wer sich keine eigene Milchpumpe kaufen will, kann sie gegen eine Gebühr auch in Apotheken ausleihen. Wie genau das Abpumpen funktioniert, lassen sich Mütter am besten von einer Hebamme oder Stillberaterin zeigen. Die Milch fließt besonders leicht, wenn an der anderen Brust das Baby trinkt.

Abgepumpte Milch aufbewahren

Abgepumpte Muttermilch darf für **maximal 72 Stunden** im Kühlschrank (bei 4 bis 6 Grad) aufbewahrt werden. Eingefroren (bei minus 18 Grad) hält sie sich ein halbes Jahr. Zum Einfrieren von Muttermilch eignen sich spezielle Muttermilch-Becher oder -Beutel, aber auch der Eiswürfelbehälter – so können auch kleine Portionen einzeln entnommen und aufgetaut werden. Muttermilch darf nur einmal erwärmt werden, und zwar entweder im Wasserbad oder im Fläschchenwärmer auf maximal 37 Grad. Sie kann aber auch einfach bei Zimmertemperatur gefüttert werden.

Abstillen

Es gibt keinen Grund, die Stillzeit zu beenden, solange Mutter und Kind sie genießen. Wenn die Stillbeziehung jedoch zu Ende gehen soll, gibt es verschiedene Vorgehensweisen. Am besten kommen Mutter und Kind mit einem sanften Abschied klar, der keinem festen Zeitplan unterliegt.

- Will eine Mutter vor dem sechsten Lebensmonat ihres Babys abstillen, ersetzt sie schrittweise Stillmahlzeit für Stillmahlzeit durch Fläschchen. Den Beikoststart einfach vorzuziehen, ist nicht empfehlenswert.

- Will eine Mutter mit dem Beikoststart das langsame Abstillen beginnen, ersetzt sie Schritt für Schritt bis zu fünf Milchmahlzeiten durch feste Nahrung und Wasser als Getränk. Mindestens zwei Milchmahlzeiten täglich brauchen Babys aber im gesamten ersten Lebensjahr, müssen also durch Fläschchen ersetzt werden.

- Viele Babys verlangen um den ersten Geburtstag herum nicht mehr so häufig nach der Brust. »Nicht anbieten, nicht ablehnen« ist eine Abstill-Methode, die jetzt besonders gut funktioniert.

- Auch nach dem ersten Geburtstag profitieren Kinder von den wertvollen Inhaltsstoffen der Muttermilch und der kuscheligen Nähe beim Stillen.

Info

Wie lange soll ich stillen?

Die Weltgesundheitsorganisation (WHO), Unicef sowie die deutsche nationale Stillkommission geben allen Müttern folgende Empfehlung: »Säuglinge sollen **bis zum Alter von vier bis sechs Monaten** ausschließlich mit Muttermilch ernährt und anschließend neben angemessener, ausreichender Beikost weiterhin gestillt werden bis zum Alter von zwei Jahren oder darüber hinaus.«

FLÄSCHCHEN GEBEN

Zum Glück haben Eltern heute die Wahl, welche Milch ihr Baby bekommen soll. Entscheiden sie sich dafür, ihr Baby mit der Flasche zu füttern, steht ihnen eine riesige Auswahl hochwertiger Produkte zur Verfügung. Die Milchnahrung schnell richtig zuzubereiten, braucht am Anfang etwas Übung – vor allem, wenn man dafür nur eine Hand zur Verfügung hat, weil auf dem Arm das Baby schon vor Hunger weint. Deshalb greifen echte Fläschchen-Profis schon bei den ersten Hungerzeichen nach dem Milchpulver und haben so rechtzeitig die warme, leckere Milch parat.

Welche Milch?

Die verschiedenen Pulvermilchen füllen im Supermarkt viele Regalmeter. Aber welche sind am besten fürs Baby? Eine Orientierungshilfe.

Pre-Nahrung ist der Muttermilch in ihrer Zusammensetzung am ähnlichsten. Aufgrund strengster gesetzlicher Vorgaben darf ihr als einziges Kohlenhydrat Milchzucker zugesetzt werden. Unabhängige Ernährungsexperten raten, im ganzen ersten Lebensjahr möglichst nur Pre-Milch nach Bedarf zu geben – auch wenn auf der Packung »Anfangsnahrung« steht.

HA-Milch soll nicht vorsichtshalber zum allgemeinen Allergieschutz gegeben werden. Sinnvoll ist sie nur für Babys, bei denen ein erhöhtes Allergierisiko vorliegt. Bei denen also mindestens ein Elternteil oder Geschwisterkind an Asthma, Heuschnupfen oder Neurodermitis leidet.

Fläschchen geben

1er-Milch ist Pre-Nahrung, die mit zusätzlichen (überflüssigen) Zuckern sowie Stärke versetzt wurde. Dadurch soll sie länger sättigen.

2er-Milch und 3er-Milch sind sogenannte Folgemilchen, die für die gesunde Ernährung eines Babys nicht notwendig sind. Sie sind mit verschiedenen Zuckern und Kohlenhydraten versetzt, die das Baby länger sättigen sollen. Nicht exakt nach Herstellerangabe, sondern nach Bedarf gegeben, können sie zu Überfütterung führen, die lebenslang das Risiko für Übergewicht erhöht.

Schlummermilch bzw. Abendmilch sind Folgemilchen, die das Durchschlafen fördern sollen. Da sie ebenfalls stark mit Kohlenhydraten und Zuckern angereichert werden, sind sie für eine gesunde Babyernährung weder notwendig noch empfehlenswert. (Und das Durchschlafen fördern sie auch nicht.) Wer sich dennoch für das Füttern von Folgemilch entscheidet, muss die Dosierungshinweise genau beachten. Stimmt das Verhältnis von Milchpulver und Wasser nicht, werden Babys Nieren unnötig belastet.

Aber braucht ein Baby nicht irgendwann mehr Kalorien?

Viele Eltern misstrauen der Empfehlung, Babys im ganzen ersten Jahr nur mit Pre-Milch zu füttern. Schließlich verändert sich Muttermilch doch auch mit den Monaten und passt sich dem gestiegenen Kalorienbedarf an! Deshalb ist wichtig zu wissen: Muttermilch verändert sich zwar – aber selbst nach einem Jahr ist sie noch weit davon entfernt, so kalorienhaltig wie Folgemilch zu sein! Außerdem enthält Muttermilch nie andere Zucker als Milchzucker. In den ersten fünf Lebensmonaten wird der steigende Kalorienbedarf also tatsächlich am besten über mehr Pre-Nahrung gedeckt, in den Monaten danach ergänzt zusehends die Beikost den Mehrbedarf.

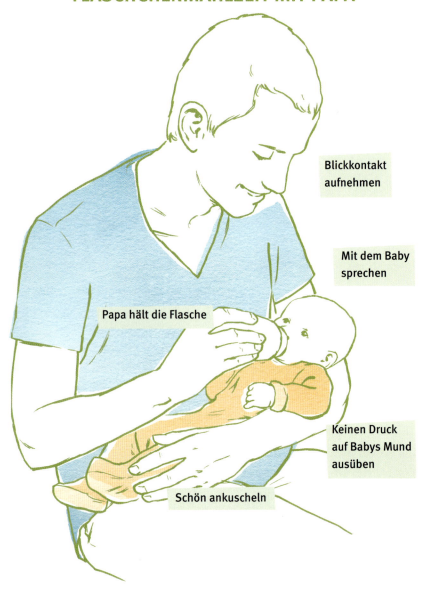

FAQs zum Fläschchengeben

Welche Fläschchen sind die besten?

Plastikflaschen sind unkomplizierter – sie machen die Wickeltasche nicht so schwer und dürfen auch mal runterfallen. Aber bitte unbedingt auf BPA-freie Produkte achten! Glasflaschen sind geeignet, wenn man ältere Babys ihre Flasche mal selbst halten lassen will. Denn sie verführen – anders als Plastikflaschen – nicht zum ungesunden Dauernuckeln, weil sie dafür zu schwer sind.

Wie werden Flaschen und Sauger gereinigt?

Sauger und Verschlusskappe einzeln (!) unter heißem Wasser mit etwas Spülmittel gründlich ausspülen. Flasche mit einer nur dafür verwendeten Flaschenbürste unter fließendem, heißem Wasser ebenfalls mit etwas Spülmittel reinigen, bis alle Milchreste weg sind.

Und wie sterilisiert man Babyflaschen?

In den ersten sechs Wochen muss das gesamte Trinkzubehör vor jedem Gebrauch sterilisiert werden. Dafür kocht man es entweder zehn Minuten lang in sprudelndem Wasser im Kochtopf, oder man verwendet einen Dampfsterilisator.

Wie oft brauchen wir neue Flaschen und Sauger?

Ein Sauger, der einen Riss hat, muss sofort aussortiert werden. Weil aber auch intakte Sauger vom dauernden Sterilisieren immer weicher werden, sollten etwa alle fünf Wochen neue her. Glasflaschen kann man ewig verwenden, Plastikflaschen auch – wenn sie keine Risse haben oder von innen sehr verkratzt sind.

Worauf muss man bei Saugern achten?

- Weil Saugen die Gesichtsmuskeln fürs Sprechenlernen trainiert, ist es wichtig, die **Sauger mit dem kleinsten Loch** (»Teesauger«) zu verwenden.

- Latexsauger gehen schnell kaputt, Silkonsauger halten deutlich länger.

Dieser Sauger ist der Brust beim Stillen am ähnlichsten:
- Breite Auflagefläche, die den Warzenhof imitiert.
- Der »Nippel« ist lang und rund (nicht kieferangepasst!).
- Der Sauger ist möglichst formbar und weich.
- Die Oberfläche sollte sich leicht samtig anfühlen.

Muss das Baby sein Fläschchen immer leer trinken?

Nein. **Jedes Baby hat einen anderen Milchbedarf.** Hersteller geben auf ihren Packungen deshalb immer Durchschnittswerte an, was die empfohlene tägliche Milchmenge angeht. Bekommt ein Baby Pre-Milch, darf es diese Menge sowohl über- als auch unterschreiten. Ist in der Flasche Folgemilch, darf das Baby nicht mehr davon bekommen, als auf der Packung steht – weniger geht natürlich immer!

Wie macht man ein Fläschchen?

1 Nötige Wassermenge zum Kochen bringen, dann auf ca. 50 Grad abkühlen lassen. Die genaue Temperatur verrät ein Teethermometer.

2 Wasser ins Fläschchen füllen. **Achtung:** Das Milchpulver nicht schon vorher einfüllen, sonst stimmt das Mengenverhältnis nicht, wenn man sich nach den Milliliter-Angaben auf der Flasche richtet!

3 Exakt so viele gestrichene (nicht gehäufte!) Löffel Milchpulver dazugeben, wie auf der Packung angegeben ist. Wer mehr Milchpulver zugibt, riskiert Nierenschäden beim Baby.

4 Mit einem Löffelstiel so lange umrühren, bis sich das Milchpulver komplett aufgelöst hat. (Die Flasche zu schütteln, erzeugt Luftbläschen, die Bauchweh auslösen können.)

5 Auf Körpertemperatur abkühlen lassen. Zur Kontrolle etwas Milch auf die Innenseite des Handgelenks tropfen lassen: Ist sie nicht mehr unangenehm heiß, hat sie die richtige Trinktemperatur.

Wichtig: Fläschchen immer frisch zubereiten! Einmal angerührte Milch darf nicht mehr erwärmt werden, da sich in ihr sonst Krankheitskeime vermehren können.

Lässt sich das Fläschchenmachen beschleunigen?

Wenn das Baby vor Hunger brüllt, können sich die Minuten, in denen das Wasser erst heiß werden und dann abkühlen muss, endlos hinziehen. Das hilft, wenn's schnell gehen muss:

- Täglich einmal Wasser auf Vorrat abkochen und im Kühlschrank aufbewahren. Die nötige Menge ins Fläschchen geben, im Flaschenwärmer oder in der Mikrowelle auf Trinktemperatur erwärmen, Milchpulver einrühren, fertig!

- Ein guter Trick für die Nacht ist es, die benötigte Menge abgekochtes Wasser in einer Thermoskanne am Bett stehen zu haben, das Fläschchen mit der richtigen Menge Milchpulver drin gleich daneben. Wird das Baby wach, Wasser draufgeben, umrühren, Temperatur prüfen, füttern und schnell weiterschlafen!

Fläschcheneltern

Es sind ganz verschiedene Gründe, aus denen Eltern bereits in der Schwangerschaft entscheiden, dass ihr Baby mit der Flasche groß werden soll. Damit dafür nach der Geburt alles vorbereitet ist, thematisieren Eltern diesen Wunsch am besten bereits beim Vorgespräch in der Geburtsklinik beziehungsweise mit der Hebamme. Dann bekommt die Mutter kurz nach der Geburt eine Tablette, die die Milchbildung weitgehend verhindert, und im Kreißsaal wartet ein vorgewärmtes Fläschchen Pre-Milch auf das Neugeborene. Eng an Mutter oder Vater gekuschelt trinkt es die ersten Schlucke und genießt die innige Geborgenheit dabei.

Frieden mit der Flasche machen

Wenn die Flasche Plan B ist, erleben Mütter die Umstellung auf Fläschchen sehr unterschiedlich.

- Manche Mütter sind einfach nur froh, keine Schmerzen mehr zu haben und endlich ihr Baby genießen zu können.

- Manche Mütter können sich mit der Flasche gut arrangieren.

- Manche Mütter leiden sehr unter dem vorzeitigen Abstillen, fühlen sich als Versagerinnen und haben das Gefühl, ihrem Kind keine gute Mutter sein zu können, weil sie es nicht stillen.

Folgende Gedanken können helfen, sich mit der Flasche auszusöhnen:

- Heutige Pre-Milch ist ein Hightech-Produkt, das aufwendig dahingehend optimiert wurde, der Muttermilch so ähnlich wie irgend möglich zu sein. Genau gleich wird sie nie werden – aber eine so hochwertige Muttermilchersatznahrung wie heute gab es noch nie.

- Keine Mutter muss sich schuldig fühlen, wenn es mit dem Stillen nicht geklappt hat. Denn egal, ob körperliche Ursachen oder falsche Beratung im Wochenbett der erhofften Stillbeziehung im Weg standen: Die Mutter kann in keinem der beiden Fälle etwas dafür!

- Eine gute Mutter erkennt man nicht daran, welche Milch ihr Baby trinkt. Studien belegen: Um sich zu einem glücklichen Menschen zu entwickeln, braucht ein Baby eine Mutter, die es tröstet, wenn es weint, die es füttert, wenn es hungrig ist, die ihm Liebe und Nähe schenkt – und bei all dem darauf achtet, dass es ihr selbst gut geht.

- Mütter von Flaschenbabys gewinnen schneller etwas persönlichen Freiraum zurück, weil sie ihren Zeitplan nicht strikt nach Babys Stillzeiten organisieren müssen.

Die Entscheidung abzustillen ist meist endgültig: Das Baby vergisst die Saugtechnik an der Brust und gewöhnt sich an die Flasche. Wenn Mütter nach dem Abstillen allerdings unbedingt wieder anfangen wollen, zu stillen, gibt es einen Weg dahin: die **Relaktation.** Dabei wird versucht, die Milchbildung wieder anzuregen. Weitere Informationen gibt's zum Beispiel unter www.still-lexikon.de/26_relaktation.html.

So wird die Fläschchenzeit zur Kuschelzeit

Selbst wenn die Flasche nur Plan B ist, können Eltern und Baby die Mahlzeiten zusammen genießen.

So wird's besonders entspannt:

- Schon bei den ersten Hungerzeichen die Flasche machen, damit das Baby nicht weinen muss.
- Telefon leise stellen.
- Gemütlich aufs Sofa kuscheln.
- Mit dem Baby leise sprechen.

RUNDUM GUT GEPFLEGT

Babys sind total pflegeleicht: Ein wenig klares Wasser und ab und zu eine frische Windel – mehr brauchen sie nicht, um sich wohlzufühlen in ihrer Haut. Schön, wenn Eltern diese alltägliche Pflege nicht als lästige Pflicht betrachten, sondern daraus ein zärtliches Ritual machen.

WICKELKINDER

Etwa drei Jahre braucht es, bis ein Kind allein aufs Klo gehen kann. Bis dahin müssen Eltern andere Strategien finden, damit seine Ausscheidungen da landen, wo sie hinsollen. Am einfachsten klappt das mit Windel – manche Eltern versuchen es aber auch ohne.

Welche Windeln?

Eltern von Wickelkindern haben die Wahl zwischen Wegwerfwindeln und Stoffwindeln. Beide haben ihre Vorteile. **Wegwerfwindeln** sind besonders saugfähig, kinderleicht anzulegen und machen keine Arbeit. **Stoffwindeln** enthalten weder Parfum noch Konservierungsstoffe, sind auf die Dauer deutlich billiger und sorgen in der Regel dafür, dass Kinder früher trocken werden. Aus ökologischer Sicht besteht zwischen beiden Windeln beim ersten Kind wenig Unterschied: Klar ist, dass Wegwerfwindeln im Schnitt mehr Müll produzieren, während das Waschen von Stoffwindeln nur sehr viel Wasser verbraucht. Deshalb liegen sie in der Umweltbilanz vorn, vor allem wenn sie beim zweiten Kind wiederverwendet werden.

Eltern greifen heute aus ganz unterschiedlichen Gründen wieder vermehrt zu wiederverwendbaren Windeln. Entscheidend dazu beigetragen hat die Entwicklung neuer Stoffwindelsysteme, mit denen das Wickeln fast so fix geht wie mit Wegwerfwindeln. In manchen Städten besteht auch die Möglichkeit, gebrauchte Stoffwindeln von einem Windeldienst abholen zu lassen und sie gewaschen und gebrauchsfertig zurückzubekommen.

Rundum gut gepflegt

WICKELN MIT WEGWERFWINDELN

1 Eine Hand auf Babys Oberschenkel und das Baby sanft zur Seite drehen. Dann die Windel hervorziehen.

2 Po und Geschlecht mit einem warmen nassen Lappen reinigen und mit einem Handtuch trocken tupfen.

3 Eine frische Windel zurechtlegen und das Baby am Oberschenkel seitlich zurück auf die Windel rollen.

4 Das Baby noch etwas auf dem Wickeltisch strampeln lassen und mit ihm singen oder spielen. Dann die Windel schließen.

WICKELN MIT STOFFWINDELN

1 Den Saugkern auf den Wickeltisch legen, darauf achten, dass das Etikett nach außen zeigt.

2 Das Windelvlies auf den Saugkern legen.

3 Das Baby vorsichtig seitlich auf die Stoffwindel rollen lassen und diese mit Clips verschließen.

4 Eine Überhose über die Windel ziehen. Fertig!

DER PERFEKTE WICKELPLATZ

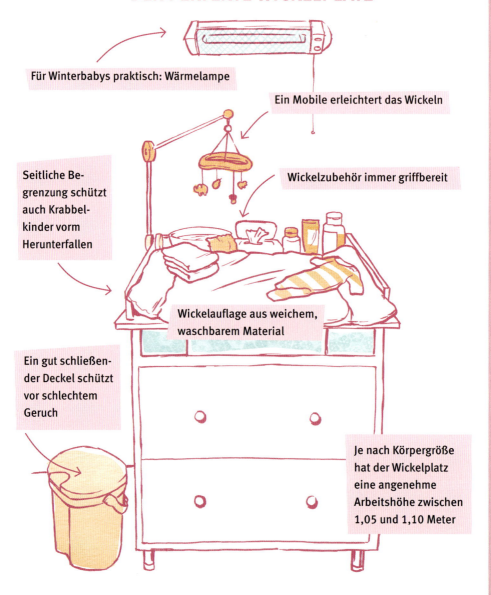

FAQs zum Wickeln

Wie oft muss ein Baby gewickelt werden?

Nach jedem »großen Geschäft«, sonst wird der Po schnell rot und wund. Und immer wenn sich die Windel nass und schwer anfühlt. Ansonsten etwa alle vier Stunden. Nachts muss normalerweise nicht gewickelt werden. Das macht Eltern und Baby nur unnötig wach.

Junge oder Mädchen: Worauf muss ich achten?

Bei kleinen Mädchen ist es besonders wichtig, die Vagina immer von vorn nach hinten sauber zu wischen, damit möglichst keine Keime aus dem Afterbereich hineingelangen können. Die Schamlippen sollten dabei nicht auseinandergedehnt werden, da dabei leicht Rissverletzungen entstehen. Ist Kot ins Innere der Vagina gelangt, wird er vom Scheidensekret wieder hinausbefördert – ganz ohne Hilfe von außen. **Bei kleinen Jungs** ist es wichtig, Hoden und Penis sorgfältig zu reinigen, ohne allerdings die Vorhaut zurückzuschieben; auch hier entstehen sonst leicht Verletzungen. Weil durch die Abkühlung ohne Windel der Harndrang angeregt wird, schützt beim Strampeln auf dem Wickeltisch ein Tuch vor Pipi-Fontänen.

Gehören Feuchttücher zur Wickelgrundausstattung?

Feuchttücher sind zum Wickeln unglaublich praktisch: kein Hantieren mit verschiedenen Waschschüsseln, keine schmutzigen Lappen, die man nachher waschen muss. Aber: Sie sind nicht gerade umweltfreundlich und gehen ganz schön ins Geld. Auch die in ihnen oft enthaltenen Duft- und Konservierungsstoffe schrecken manche Eltern ab. Alte T-Shirts, zu kleinen Lappen geschnitten, und eine kleine Waschschüssel am Wickelplatz sind die preiswerte und hautfreundliche Alternative.

Sollen wir auch nachts wickeln?

Nur in besonders dringenden Fällen: Wenn das Baby »groß« gemacht hat oder seine Windel ausläuft. Ansonsten lernt es am leichtesten, dass die Nacht zum Schlafen da ist, wenn in dieser Zeit auch nicht gewickelt wird. Moderne Wegwerfwindeln können meist bis zu zwölf Stunden die Feuchtigkeit halten, Stoffwindeln kommen in der Nacht oft an ihre Kapazitätsgrenze. Manche Eltern wechseln deshalb auch zwischen Stoffwindeln am Tag und Wegwerfwindeln in der Nacht.

Was tun bei einem wunden Po?

Vor allem **viel frische Luft** dranlassen. Auch eine zinkhaltige Windelcreme oder eine handelsübliche Wundheilsalbe aus der Apotheke kann helfen – aber bitte nur bei Bedarf und ganz dünn auftragen! Manchmal bringt auch eine neue Windelmarke Besserung. Beim Reinigen ist es jetzt besonders wichtig, nur klares Wasser und ganz weiche Lappen zu verwenden – Feuchttücher tun bei entzündetem Po nämlich richtig weh. Entzündet sich der Po immer mehr und bilden sich kleine Knötchen, die sich am Rand kräuseln – ab zum Kinderarzt!

Kann man Babys auch ganz ohne Windeln großziehen?

Das funktioniert sogar ganz gut. Es gibt immer wieder Eltern, die ihre Babys **windelfrei** groß werden lassen. Sie lernen, die Signale zu erkennen, mit denen ihr Baby zeigt, dass es gleich muss, und halten es dann über dem Klo oder einem Töpfchen ab. Voraussetzung ist allerdings, dass die Eltern viel Zeit mit ihrem Baby verbringen und nicht nach wenigen Monaten wieder arbeiten müssen. Auch wenn das Baby früh in einer Krippe betreut werden soll, ist »windelfrei« wahrscheinlich nicht der passende Weg. Mehr Informationen gibt's unter www.ohne-windeln.de.

PFLEGEN

Wie mit Samthandschuhen fassen viele Eltern ihr neugeborenes Baby an – es wirkt ja so zerbrechlich! Doch kleine Babys sind robuster, als sie aussehen. Und finden es beim Baden, Waschen und Pflegen angenehmer, den festen, sicheren Griff der Eltern zu spüren, als allzu zaghaft berührt zu werden. Also: Waschlappen, Kapuzenhandtuch und Nagelschere geschnappt, und los geht's mit dem Baby-Wellnessprogramm!

Babypflege: die wichtigsten Handgriffe

Zum Glück muss man nur wenige Handgriffe beherrschen, damit Babys sich bei der täglichen Pflege rundum wohlfühlen. Wichtig ist es vor allem, Babys Hüften zu schonen und nicht etwa beim Abtrocknen, Wickeln und Anziehen an den Beinchen zu ziehen, um den Po anzuheben. Babyhüften sind noch nicht fertig ausgebildet und brauchen im ersten Jahr noch Schonprogramm! Besser ist es, mit dem sogenannten Wickelgriff unter einem Beinchen hindurch nach dem gegenüberliegenden Oberschenkel zu greifen und so den Po sanft anzuheben.

Waschen und Baden

Solange der Nabel noch nicht ganz abgeheilt ist, dürfen Babys noch nicht baden. Danach aber so oft es ihnen Spaß macht. Eine aktuelle Studie belegt: Zweimal wöchentlich fünf Minuten baden ist für die Haut optimal. Wasserscheue Babys können aber auch einfach zweimal in der Woche

Rundum gut gepflegt

BADEN IM BADEEIMER

1

Raumtemperatur 25 Grad

Das Baby im Fliegergriff halten und vorsichtig an der Badeeimerwand ins Wasser gleiten lassen

Den Badeeimer knapp zur Hälfte füllen; Wassertemperatur 37 Grad

2

Das Baby mit beiden Händen sanft links und rechts am Kinn halten

Die Schultern sind unter Wasser (schützt vorm Auskühlen)

Babys Po liegt am Boden auf

Beim Baden geht's nicht nur darum, sauber zu werden. Manche Babys finden Baden einfach beruhigend und fühlen sich dabei pudelwohl. Aber bitte erst nach der sechsten Woche!

gründlich mit einem warmen Waschlappen am ganzen Körper gereinigt werden – der Effekt für die Haut ist praktisch derselbe.

Weder zum Baden noch zum Waschen brauchen Babys **Badezusätze** oder Seife. Klares Wasser reicht völlig aus. Wenn Eltern allerdings gerne ein parfumfreies Waschgel ohne Konservierungsstoffe verwenden wollen, spricht auch nichts dagegen. Auch **Cremes** sind nicht nötig, wenn die Babyhaut gesund ist. Entdecken die Eltern allerdings trockene Stellen auf der Haut, kann eine milde Babycreme oder -lotion ohne Duft- und Konservierungsstoffe sinnvoll sein.

Fürs Babybad geeignet ist sowohl eine Babybadewanne aus Plastik als auch ein **Badeeimer,** in dem das Baby aufrecht sitzen kann. Schon ganz kleine Babys können in dieser Haltung baden und genießen die Bewegungsfreiheit – unter dem Kinn gehalten von Papas oder Mamas Hand.

Nabelpflege

Durch die Nabelschnur waren Mutter und Kind neun Monate lang verbunden – nach der Geburt hat sie ihren Dienst erfüllt. Nach dem Abnabeln verbleibt ein Nabelschnurrest am Körper des Babys, der innerhalb der ersten beiden Lebenswochen von selbst abfällt. Studien haben belegt, dass der Nabel eines Neugeborenen am schnellsten abfällt und am besten heilt, wenn er regelmäßig mit einem austrocknenden **Puder** aus heilenden Substanzen bestäubt wird und einmal täglich vorsichtig mit einem feuchten Wattestäbchen von Wundsekret und Puderresten gereinigt wird – das übernimmt zumeist die Nachsorgehebamme. So lange der Nabelschnurrest noch dran ist, sind Neugeborene im Nabelbereich ganz besonders empfindlich. Deshalb ist es wichtig, sie in dieser Zeit so zu wickeln, dass der Nabel frei bleibt. Wegwerfwindeln faltet man in den ersten Lebenstagen des Babys deshalb am oberen Rand nach außen und klebt sie erst dann zu, damit der Nabel frei bleibt. Auch mit dem ersten Bad sollten Eltern warten, bis der Nabel ganz abgeheilt ist – also etwa sechs Wochen.

Nägel schneiden

Ihrem winzigen Baby die Nägel zu schneiden, flößt vielen Eltern Respekt ein: Was, wenn es zappelt und sich an der Schere verletzt? Das hilft: Eine extra abgerundete **Babynagelschere** kaufen – und die Nägel dann schneiden, wenn das Baby schläft. Etwa 20 Minuten nach dem Einschlafen ist der beste Zeitpunkt: Das Baby ist im Tiefschlaf, seine Hand hängt völlig entspannt herunter. Nun die Nägel gerade abschneiden, nicht die natürliche gerundete Form imitieren, sonst wächst der Nagel leicht ein. Und nicht zu kurz schneiden – der weiße Rand muss noch sichtbar sein! Weil die Nägel von Neugeborenen noch so weich sind, raten Kinderärzte, in den ersten sechs Wochen die Nägel noch gar nicht zu schneiden, da die Verletzungsgefahr zu hoch ist. Eine andere Möglichkeit ist es, dem Baby – zum Beispiel beim Stillen – die Fingernägel vorsichtig »abzuknibbeln«.

Zahnpflege

Schneeweiß blitzt er im Mund: der erste Zahn! Damit er und alle folgenden Milchzähne gesund bleiben, ist es wichtig, schon im Babyalter mit dem täglichen Zähneputzen zu beginnen. Am einfachsten klappt das bei den ersten Zähnchen mit einer **Fingerzahnbürste,** einer Art genopptem Fingerhut aus Silikon, den sich Eltern über den Zeigefinger stülpen können. Will das Baby selbst erste Putzversuche starten, liegt eine Babyzahnbürste mit Loch im Griff besonders gut in der Hand. Bei der Auswahl der Zahnpasta ist es wichtig, auf den Fluorgehalt zu achten. Bekommt ein Baby nämlich Fluortabletten, sollte nicht zusätzlich auch noch fluorhaltige Zahnpasta verwendet werden.

FAQs zum Pflegen

Wie kriegen wir die Schuppen auf dem Babyköpfchen weg?

Die dicke, klebrige, gelbliche Schuppenschicht auf dem Kopf mancher Babys ist eine häufig auftretende harmlose Hauterscheinung und geht mit der Zeit von selbst wieder weg. Es handelt sich dabei um Kopfgneis und ist nicht zu verwechseln mit Milchschorf, der leider häufig ein Vorbote von Neurodermitis ist. Ungeduldige Eltern können versuchen, die Schuppen mit Babyöl eine Stunde lang einzuweichen und dann ganz vorsichtig mit einem Kamm abzulösen.

Brauchen Babys eigentlich Shampoo?

Meistens nicht. Der feine Haarflaum kann einfach beim Baden mit klarem Wasser abgespült werden. Erst bei richtigen Wuschelköpfchen ist ein mildes Babyshampoo sinnvoll. Aber selbst dann reicht eine haselnussgroße Menge davon, schnell auf Babys Köpfchen verteilt. Beim Abspülen darauf achten, dass kein Schaum in die Augen gelangt!

Wie hält man Babyohren sauber?

Mit dem Zipfel eines Handtuchs, den man in warmes Wasser taucht. Ohrmuschel auswischen, fertig. Wattestäbchen sind für Babys tabu – mit ihnen landet man viel zu schnell im Gehörgang, und das ist nicht gesund.

Und welche Pflege brauchen Babyaugen?

Im Normalfall: gar keine. Durch die Tränenflüssigkeit sind sie selbstreinigend. Sind die Augen mal etwas verklebt oder verkrustet, dreht man am besten aus einem Wattebausch einen dünnen Stiel, taucht den in abgekochtes Wasser und wischt damit vorsichtig das Auge sauber.

SCHICK ANGEZOGEN

Babyklamotten sehen nicht nur unglaublich süß aus, sie helfen dem Baby auch, eine gesunde Körpertemperatur zu halten. Dafür ist Kleidung wichtig, die im Winter mollig warm hält und im Sommer vor zu viel Sonne und Hitze schützt. Im ganzen Jahr gilt: Fühlt sich das Baby im Nacken warm, aber nicht verschwitzt an, ist es genau richtig angezogen.

Das gehört in den Babykleiderschrank

Egal, was das Baby tragen soll, beim Anziehen gilt immer die Regel: An der Kleidung zerren, nicht am Baby! Bei Bodys, Pullis, Shirts und Jacken rafft man die Ärmel mit den Händen zusammen und fädelt dann vorsichtig Babys Ärmchen durch den Stoff. Kopflöcher werden so weit gedehnt, bis das Köpfchen problemlos durchschlüpfen kann.

Babybodys
- Bodys sind die Basisgarderobe im ganzen ersten Jahr.
- Wickelbodys sind anfangs oft leichter im Handling als Bodys, die man über den Kopf ziehen muss.
- Kauft man nur weiße Bodys, muss man die Wäsche nicht sortieren und kann sie bei ausgelaufenen Windeln auskochen.
- Weil Neugeborene fast immer frieren, sind selbst bei Sommerbabys langärmlige Bodys sinnvoller als kurzärmlige.
- Wie viele Bodys man braucht, hängt davon ab, wie viel das Baby spuckt und wie dicht seine Windel hält. Fünf bis sechs reichen.
- Wolle-Seide-Bodys halten im Winter kleine Frostbeulen warm, sind aber schwer zu waschen. Für den Alltag ist Baumwolle deshalb praktischer.

Babymützchen

- Weil Neugeborene noch Schwierigkeiten haben, ihre Temperatur zu halten, und die meiste Wärme über den Kopf verlieren, brauchen sie Mützchen – auch im Sommer. Dann schützen sie vor schädlichen Strahlen. Mit einem aus Wolle-Seide und einem aus Baumwolle in Neugeborenengröße kommt man gut über die ersten Wochen.
- Unterm Kinn gebundene Mützen stören viele Babys, weil sie den Saugreflex auslösen. Besser und für die Babys angenehmer sind daher Mützen mit langen Bändeln, die man vor dem Bauch kreuzt und dann auf dem Rücken zubindet.

Pullis, Hosen, Strampelanzüge

Strampler haben den Vorteil, dass man Babys damit ins Tragetuch nehmen kann, ohne dass alles verrutscht. Pulli und Hose einzeln machen dafür oft das Wickeln leichter. Vier bis sechs Outfits pro Größe sind genug.

Söckchen und Strumpfhosen

- Söckchen abzustrampeln ist eins der ersten Dinge, die Babys lernen. Damit die Füße also wirklich warm bleiben, sind Strumpfhosen die bessere Wahl – dünne ruhig auch für Sommerbabys.
- Sollen es doch die selbst gestrickten Socken von Oma sein, helfen Sock-Ons: Praktische Gummibänder, die die Strümpfe am Fuß halten und die man im Internet bestellen kann.
- Früher sagte man Stulpen dazu, heute wärmen die »Socken ohne Fuß« unter dem Namen »Babylegs« wieder Babybeine. Und weil sie vor allem beim Tragen praktisch sind, wo sie das nackte Stück Bein zwischen hochgerutschter Hose und Socke bedecken, sind sie in vielen Online-Trageshops zu bestellen.

GESUND BLEIBEN, GESUND WERDEN

Zum Glück werden Babys nur selten wirklich krank. Der Grund: Sie sind durch Antikörper in der Muttermilch vor vielen Krankheiten geschützt. Auch unsere modernen Lebensbedingungen sowie Impfungen tragen dazu bei, dass Babys heute so gesund ins Leben starten wie nie zuvor.

VORSORGEN UND SCHUTZIMPFUNGEN

Sechs Routineuntersuchungen beim Kinderarzt bezahlen die Krankenkassen für Babys im ersten Lebensjahr. Der Grund: Viele Störungen in der kindlichen Entwicklung können nur Experten erkennen – aber wenn sie das rechtzeitig tun, können sie oft so gut behandelt werden, dass keine Folgen zurückbleiben. Die meisten Kinderärzte raten dazu, diese Untersuchungen mit den ersten Impfterminen zu kombinieren, um das Baby optimal vor Krankheiten zu schützen.

Unser Kinderarzt

Alle Eltern wollen, dass ihr Kind bei seinem Arzt in guten Händen ist. Weil Kinder nicht einfach kleine Erwachsene sind, müssen sich fertige Ärzte noch fünf Jahre weiterbilden, bis sie als Kinderärzte arbeiten dürfen. Mit Neugeborenen und kleinen Babys einfach zum Hausarzt zu gehen, ist daher nicht empfehlenswert. Leider ist die Suche nach einem Kinderarzt, mit dem Eltern ihren Bedürfnissen entsprechend gut zusammenarbeiten können, gar nicht so einfach. Denn nicht nur die Ausbildung muss passen, auch die Chemie zwischen Arzt und Eltern sollte stimmen. Hilfreich für die Suche kann es sein, sich zu überlegen, welche Kriterien besonders wichtig sind – und gezielt nach einem Arzt zu suchen, der möglichst viele davon erfüllt. Die Kinderarzt-Checkliste (Seite 70) hilft bei der Suche.

Die U-Untersuchungen

Die Krankenkassen bezahlen für alle Kinder in Deutschland neun (in manchen Bundesländern auch zehn) Untersuchungen, mit denen sichergestellt werden soll, dass gesundheitliche Probleme frühestmöglich erkannt werden. In Bremen, Hessen, Saarland, Rheinland-Pfalz, Brandenburg, Sachsen, Schleswig-Holstein, Niedersachsen und Nordrhein-Westfalen sind Eltern verpflichtet, ihre Kinder zu den U-Terminen einem Arzt vorzustellen. Aber auch in allen anderen Bundesländern ist es dringend empfehlenswert, sie nicht zu versäumen. Im ersten Lebensjahr finden sechs U-Untersuchungen statt. Bei jeder wird das Kind gemessen und gewogen, außerdem achtet der Kinderarzt auf eine altersgemäße Entwicklung.

Der passende Kinderarzt

- Der Kinderarzt macht nach ambulanten Geburten sowie bei schweren oder ansteckenden Krankheiten auch Hausbesuche.
- Der Kinderarzt unterstützt das Stillen, indem er in seinem Wartezimmer keine Werbung für Pulvermilch auslegt und weder zum frühen Zufüttern noch zum Abstillen bei Problemen rät.
- Der Kinderarzt klärt ausführlich über anstehende Impfungen auf und ist bereit, mit Eltern einen alternativen Impfplan für ihr Kind zu entwickeln.
- Der Kinderarzt bindet die Eltern ein und nimmt ihre Fragen und Bedenken ernst.
- Der Kinderarzt ist feinfühlig im Umgang mit Babys und Kleinkindern.
- Der Kinderarzt gibt keine Erziehungsratschläge, die den Überzeugungen der Eltern widersprechen.

DIE U-UNTERSUCHUNGEN IM ÜBERBLICK

Welche?	Wann?	Was passiert dabei?
U1	Am 1. Lebenstag	Der Kinderarzt oder die Hebamme überprüft, ob das Baby gut atmet, schön rosig ist, sich bewegt und sich bei der Geburt nicht das Schlüsselbein gebrochen hat (was ab und zu passiert und gut zu behandeln ist). Wenn die Eltern einverstanden sind, bekommt das Neugeborene nun die erste Dosis Vitamin K.
U2	Zwischen dem 3. und dem 10. Lebenstag	Der Arzt überprüft, wie sich das Baby auf der Welt eingewöhnt. Hat es eine Neugeborenengelbsucht? Sind seine Herztöne in Ordnung? Die Eltern werden gefragt, ob in der Familie Probleme mit der Hüfte oder dem Herzen bekannt sind. Das Überprüfen der Reflexe kann für Eltern gewöhnungsbedürftig aussehen, ist fürs Baby aber harmlos. Sind die Eltern einverstanden, entnimmt der Kinderarzt oder die Hebamme aus der Ferse des Babys etwas Blut, um es zum Stoffwechsel-Screening einzuschicken. Darf das Baby dabei an der Brust trinken, tut es ihm weniger weh.
U3	4. bis 6. Lebenswoche	Zeit für einen ersten Entwicklungscheck: Kann das Baby einen Gegenstand mit den Augen fixieren? Reagiert es auf Geräusche? Kann es in Bauchlage schon kurz den Kopf heben? Um eine Hüftdysplasie auszuschließen, raten Ärzte bei der U3 zu einer Ultraschall-Untersuchung der Hüften. Außerdem ist jetzt ein differenziertes Hörscreening sinnvoll.

Welche?	Wann?	Was passiert dabei?
U4	3. bis 4. Lebensmonat	Zurücklächeln, den Kopf in Richtung Glöckchen drehen, sich auf die Arme aufstützen – der Kinderarzt überprüft, ob das Baby das schon kann. Sind die Eltern einverstanden, wird bei der U4 meist auch mit dem Impfen begonnen.
U5	6. bis 7. Lebensmonat	Nun will der Arzt wissen, ob das Baby sich schon allein auf den Bauch drehen kann, ob es nach Dingen greift und sie von einer Hand in die andere gibt. Langsam wird auch die Sprachentwicklung wichtig: Brabbelt das Baby, wenn es munter ist, und probiert verschiedene Laute aus? Auch die Frage, wie der Beikoststart verläuft, kann jetzt Thema sein.
U6	10. bis 12. Lebensmonat	In der letzten U des Babyjahrs fragt der Kinderarzt, ob das Baby schon allererste Worte wie »Mama« oder »Ball« spricht, ob es sich bereits zum Stehen hochzieht und mit zwei Fingern nach Krümeln greift. Dann darf das Baby zeigen, ob es mit Holzklötzchen schon einen ersten Turm bauen kann. Dabei achtet der Arzt vor allem darauf, ob es zum Bauen beide Hände gleichermaßen benutzt.

Wichtig: U-Untersuchungen sind kein Kinder-TÜV und keine Prüfungen. Ein Kind kann bei einer U-Untersuchung weder »durchfallen«, noch kann es dafür »üben«. Es besteht kein Grund zur Sorge, wenn ein Baby eine oder mehrere der überprüften Fertigkeiten bei der U noch nicht beherrscht – meist haben Kinderärzte bei der nächsten U dann schlicht besonders ein Auge drauf. Hat ein Baby tatsächlich Aufholbedarf, überweisen Kinderärzte an Spezialisten (wie zum Beispiel Kinderphysiotherapeuten), die dem Kind auf die Sprünge helfen.

Impfungen

Durch die Erfindung von Impfstoffen sind heute viele schwere Infektions-krankheiten sehr selten geworden. Schutzimpfungen basieren auf dem Prinzip, den Körper durch eine kleine Dosis abgeschwächter oder toter Krankheitserreger dazu anzuregen, Abwehrstoffe gegen dieselben zu ent-wickeln – und ihn so vor gefährlichen Krankheiten zu schützen. Die Stän-dige Impfkommission am Robert-Koch-Institut (»STIKO«) empfiehlt allen Eltern, ihre Kinder ab der zehnten Lebenswoche nach einem von ihr ent-wickelten Plan impfen zu lassen.

Muss Impfen sein?

In Deutschland besteht keine Impfpflicht. Das heißt: Eltern dürfen frei ent-scheiden, ob sie ihr Kind impfen lassen. Diese Entscheidung fällt vielen El-tern schwer. Der Grund: Schutzimpfungen schützen zwar vor schweren Krankheiten, gleichzeitig stellen sie aber einen Eingriff ins Immunsystem dar, der in sehr seltenen Fällen zu Nebenwirkungen führen kann.
Impfkritiker bezweifeln, ob das Risiko den Nutzen aufwiegt – vor allem, weil gerade durch die hohe Impfbereitschaft früherer Generationen viele Krankheiten, gegen die geimpft wird, heute sehr selten geworden sind.
Impfbefürworter betonen, dass die heutigen Impfstoffe extrem sicher und gut verträglich sind – und dass viele der schon fast ausgerotteten Krank-heiten durch die grassierende Impfmüdigkeit erneut aufflammen.
Die Entscheidung, wie genau sie es mit dem Impfen halten wollen, kann Eltern niemand abnehmen. Aber ein offenes Gespräch mit dem Kinderarzt kann viele Ängste nehmen. Denn die meisten sprechen sich nach sorgfälti-ger Abwägung aller Risiken dafür aus, Babys nach dem STIKO-Impfplan (Seite 74) impfen zu lassen. Weitere Infos bietet die Homepage des Robert-Koch-Instituts www.rki.de unter der Rubrik »Infektionskrankheiten«.

DER VON DER STIKO EMPFOHLENE IMPFPLAN FÜR BABYS

Was?	Mit 2 Monaten	Mit 3 Monaten	Mit 4 Monaten	Mit 11–14 Monaten
Tetanus	1. Impfung	2. Impfung	3. Impfung	4. Impfung
Diphtherie	1. Impfung	2. Impfung	3. Impfung	4. Impfung
Keuchhusten	1. Impfung	2. Impfung	3. Impfung	4. Impfung
Haemophilus Influenza B	1. Impfung	2. Impfung, wenn nicht mit Einzelimpfstoff geimpft wird.	3. Impfung	4. Impfung
Kinderläh-mung	1. Impfung	2. Impfung, wenn nicht mit Einzelimpfstoff geimpft wird.	3. Impfung	4. Impfung
Hepatitis B	1. Impfung	2. Impfung, wenn nicht mit Einzelimpfstoff geimpft wird.	3. Impfung	4. Impfung
Pneumo-kokken	1. Impfung	2. Impfung	3. Impfung	4. Impfung
Meningo-kokken				1. Impfung (ab dem vollende-ten 12. Lebens-monat)
Masern, Mumps, Röteln				1. Impfung
Varizellen (Windpocken)				1. Impfung

UNSER BABY IST KRANK

Wenn das Baby schnieft und hustet, Durchfall hat oder Fieber kriegt, schrillen bei jungen Eltern sofort die Alarmglocken: Hilfe, unser Baby ist krank! Müssen wir jetzt gleich zum Kinderarzt? Oder stempelt man uns dort dann als hysterische Neu-Eltern ab? Tatsache ist: Meist stecken hinter den genannten Symptomen harmlose Infekte, die im Normalfall keine medizinische Behandlung erfordern. Aber: Vor allem bei kleinen Babys ist es wichtig, lieber zu häufig als zu selten einen Experten beurteilen zu lassen, welche Krankheitssymptome noch im Rahmen sind. Weshalb man eine gute Kinderarzt-Praxis auch daran erkennt, dass man dort besorgte Eltern nie als hysterisch abstempelt.

Wann zum Kinderarzt?

- Immer, wenn Eltern der Gesundheitszustand ihres Babys nicht geheuer ist. Vor allem Säuglinge unter sechs Monaten haben noch ein so unausgereiftes Immunsystem, dass sie entstehende Infektionen nicht allein bekämpfen können und dann schnell richtig krank werden.
- Wenn das Baby apathisch wirkt.
- Wenn das Baby nicht mehr richtig trinkt.
- Wenn das Baby Fieber (über 38 Grad im Po gemessen) hat.
- Wenn das Baby einen wunden Po hat, der einfach nicht besser wird.

Kranke Babys pflegen

Zum Glück handelt es sich bei den meisten Krankheiten im ersten Lebensjahr um relativ harmlose Viruserkrankungen, die vor allem Erkältungssymptome auslösen. Der Zustand des Babys ist nicht bedrohlich. Dennoch: Kranke Babys sind meist recht weinerlich, sie schlafen schlecht, wollen wenig essen und trinken und fühlen sich nur auf Mamas Arm wohl.

Da gegen Viruserkrankungen Medikamente wenig ausrichten, ist es umso wichtiger, dem kleinen Patienten das Leben so angenehm wie möglich zu machen. Gut gelüftete Räume mit ausreichender Luftfeuchtigkeit beruhigen gereizte Schleimhäute. Kühlende Umschläge können bei Fieber angenehm sein. Ruhe und gedämpftes Licht wirken entspannend. Jetzt tut es den Babys gut, wenn um sie herum so wenig Trubel wie möglich herrscht: Spielverabredungen also besser absagen, den Spaziergang zum Spielplatz verschieben und die Nachbarn zum Einkaufen schicken!

Denn ein krankes Baby braucht vor allem eins: ganz viel Körperkontakt mit Mama und Papa. Auch Krabbelkinder, die schon ganz selbstständig durch die Wohnung gerobbt sind und sich gut selbst beschäftigen können, werden zu einem Häufchen Elend, wenn Fieber und Schnupfen sie plagen. Und Trost spendet dann nur die Nähe der Eltern.

Checkliste

Das hilft kranken Babys

- Eine Extraportion Kuscheln mit Mama und Papa.
- Der Umzug ins Elternbett, auch wenn das Baby sonst woanders schläft.
- Zusätzliche Stillmahlzeiten nach Bedarf.
- Abschwellende Nasentropfen für Säuglinge.
- Ein milder Erkältungsbalsam ohne Eukalyptus auf Brust und Rücken.
- Gegen Schmerzen ein Paracetamol-Zäpfchen.

EIN ZÄPFCHEN EINFÜHREN

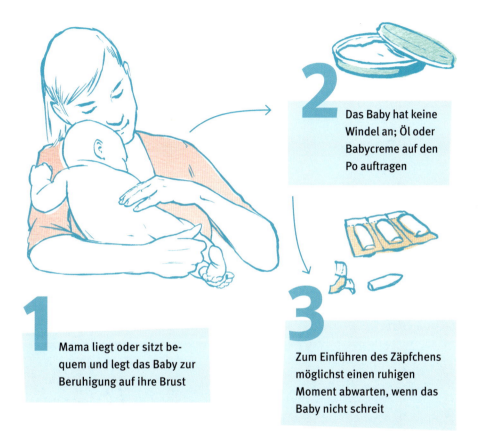

1 Mama liegt oder sitzt bequem und legt das Baby zur Beruhigung auf ihre Brust

2 Das Baby hat keine Windel an; Öl oder Babycreme auf den Po auftragen

3 Zum Einführen des Zäpfchens möglichst einen ruhigen Moment abwarten, wenn das Baby nicht schreit

Dem Baby ein Zäpfchen zu geben flößt vielen Eltern Respekt ein. Doch wenn sie den After vorher mit etwas Öl oder Babycreme bestreichen, wird es kaum etwas davon spüren. Rutscht das Zäpfchen wieder heraus, können Eltern es einfach umgekehrt einführen, also mit dem stumpfen Ende zuerst. Am angenehmsten fürs Baby ist es, dabei entspannt auf Mamas oder Papas Bauch zu liegen. Mit demselben Trick klappt übrigens auch Fiebermessen im Po viel besser – dabei kann man auch das Thermometer selbst einölen oder einfach mit warmem Wasser benetzen.

SCHLAF FÜR ALLE!

Schlafen heißt Kraft tanken. Kraft, die nicht nur die Babys brauchen, sondern auch die Eltern. Zu guten Nächten für alle führt ein ganz einfacher Trick: Herausfinden, wie das eigene Baby in Sachen Schlaf tickt. Ihm zeigen, wie sich Tag und Nacht unterscheiden. Und dann gemeinsam als Familie einen neuen Schlafrhythmus finden, mit dem es allen gut geht.

LEICHT EINSCHLAFEN

Babys können nicht bewusst beschließen einzuschlafen. Sie müssen vom Schlaf übermannt werden. Und das klappt am besten, wenn sie sich müde, entspannt, geborgen und sicher fühlen.

Einschlafen: der Drei-Punkte-Plan

Quirlige Überdrehtheit, langes Weinen, unregelmäßige Zeiten – all das kann die Nerven junger Eltern ganz schön belasten. Zum Glück können Eltern viel tun, damit das Einschlafen besser klappt.

Müde Punkte erkennen

Am Anfang ist das Einschlafen meist ganz leicht: Das Baby nickt einfach weg. Überall. Wird es älter, klappt das so nicht mehr: Die Welt ist nun viel zu spannend, um einfach einzuschlafen! Jetzt gilt es, an anderen Dingen zu erkennen, dass das Baby müde ist: Sein Blick wird glasig, es reibt mit den Fäustchen im Gesicht herum, es schmiegt sich an, mag nicht mehr spielen.

In den Schlaf helfen

Einschlafen ist schwer. Sich von der spannenden Welt abwenden, die Augen zumachen, sich fallen lassen. Schlafforscher gehen heute davon aus, dass selbst Erwachsenen dieser allabendliche »Abschied von der Welt« noch Probleme bereitet, weshalb sie sich alle möglichen **Brücken in den Schlaf** bauen: Sie lesen im Bett, gucken fern oder kuscheln sich an ihren

Partner. Da ist es nur logisch, dass auch Babys diese »Brücken« brauchen. Und weil sie zum Lesen und Fernsehen noch zu klein sind, heißt das, dass man ihnen beim Runterkommen helfen muss. Zum Glück gibt es viele Möglichkeiten, gemeinsam zur Ruhe zu kommen: stillen, tragen, streicheln, singen, wippen, schaukeln, summen …

3 Feste Schlafenszeiten einführen

Brauchen Babys einen Rhythmus? Nicht unbedingt. Es gibt viele Kulturen, in denen Babys den ganzen Tag am Körper getragen werden und dabei immer wieder einschlafen. Aber weil die meisten Babys über den Tag hinweg Zeitpunkte haben, zu denen sie besonders leicht einschlafen, liegt es nahe, daraus einen allerersten Rhythmus zu entwickeln. Großer Pluspunkt dabei: verlässliche Pausen für die Eltern! Aber: Feste Schlafenszeiten sollen nicht in Stress ausarten! Ein guter Schlafrhythmus orientiert sich an den Bedürfnissen des Babys und wandelt sich mit den Monaten.

Tipps zum Umbetten

Ist das Baby auf dem Arm oder im Tragetuch eingeschlafen, kriegt man es so am besten ins Bett:

- **20 Minuten abwarten** – dann beginnt die Tiefschlafphase.

- Tragetuch oder T-Shirt beim Baby lassen, damit der Geruch bleibt.

- Nicht direkt auf den Rücken legen, da das einen Reflex auslöst, der das Baby hochschrecken lässt. Lieber vorsichtig **über die Seite abrollen.**

Tipp

Die besten Einschlaftricks

Alles, was Babys das Einschlafen erleichtert, entlastet auch die Eltern. Gerade bei kleinen Babys hat das mit Verwöhnen nichts zu tun. Also: Die Tricks einfach ausprobieren und gucken, was am besten passt!

- **Flüsterpost:** Ans Baby kuscheln und ihm leise und monoton ins Ohr flüstern: Mama hat dich lieb, Papa hat dich lieb, Omi hat dich lieb ... Spätestens bei Großtante Ursula hört man nur noch leises Schnarchen.

- **Tanz ins Traumland:** Baby auf den Arm nehmen, ruhige Lieblings-CD auflegen und sanft auf und ab schaukelnd durchs dunkle Schlafzimmer tanzen. Besonders beruhigend: sacht rhythmisch auf den Rücken klopfen.

- **Schlafnest:** Kleine Babys sehnen sich oft nach Begrenzung. Sehr willkommen ist da ein Stillkissen, das man so um das Baby herumlegt, als läge es in einem Nest. Besonders unruhige Babys noch vorher pucken (Seite 83), eventuell einen Schnuller geben und beruhigend den Bauch streicheln ... viele schlafen so schnell und friedlich ein.

- **Familienbande:** Menschenkinder sind Herdentiere. Besonders geborgen fühlen sie sich im Kreis ihrer Lieben. Viele sehr kleine Babys schlafen deshalb im Wohnzimmer oder in der Küche inmitten der Alltagsgeräusche viel leichter ein als im ruhigen, dunklen Schlafzimmer. Manche Eltern lassen ihr Baby deshalb abends einfach auf der Couch einschlafen, und nehmen es mit ins Schlafzimmer, wenn sie selbst ins Bett gehen.

- **Stirnstreichelei:** Das Baby ist offensichtlich müde, reißt aber die Augen immer wieder auf, sobald sie ihm zufallen? Dann kann es helfen, ihm die Augen immer wieder sanft vom Haaransatz über die Stirn zuzustreichen.

Ein Einschlafritual entwickeln

Um leicht und gut einschlafen zu können, hilft es Babys, wenn sie Abläufe wiedererkennen, die ihnen zeigen: Jetzt ist Schlafenszeit. Ein gutes Einschlafritual ist also eine wiedererkennbare Kombination beruhigender Maßnahmen, die dem Baby in annehmbarer Zeit in den Schlaf helfen, ohne den Eltern auf den Keks zu gehen.

Wie viel Hilfe ein Baby konkret braucht, ist individuell verschieden. In der Praxis hat sich deshalb bewährt, zunächst mit einer Einschlafhilfe für leichte Fälle zu starten und zu sehen, wie das Baby darauf reagiert. Schläft es ein? Wunderbar! Und wenn nicht? Dann können Eltern das Ritual um Spezial-Einschlafhelfer aus den vier Bereichen Nuckeln, Bewegung, Enge und Geräusche erweitern und ihrem Baby das Einschlafen erleichtern. Allerdings ist es gerade bei unruhigen Babys wichtig, vor dem Schlafengehen nicht in Aktionismus zu verfallen und ihnen im Minutentakt eine neue Einschlafhilfe anzubieten. Viele Babys reagieren darauf erst recht gestresst.

Einschlafen: So geht's

Ausgeglichene Babys kommen oft schon mit den Einschlaf-Basics zur Ruhe: **Nuckeln** an der Brust, am Schnuller oder am Schmusetuch macht sie schläfrig und zufrieden. Manche fühlen sich noch wohler, wenn **Enge** im Pucktuch oder im Schlafsack ihnen signalisiert: Toben und Spielen ist für heute vorbei, jetzt ist Schlafen dran.

Babys, die sich nur schlecht von der Welt verabschieden können, mögen es, wenn **rhythmische Bewegungen** ihnen beim Entspannen helfen. Das kann durch Tragen am Körper, Wippen auf dem Pezzi-Ball oder sanftes Schaukeln geschehen. Auch **beruhigende Geräusche,** wie das immer gleiche Schlaflied, die Spieluhr, leises Summen und Flüstern, helfen müden Babys beim Sichfallenlassen.

PUCKEN – SO GEHT'S!

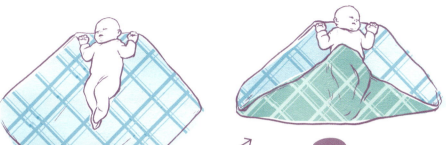

1 Gut geeignet ist ein weiches, quadratisches Pucktuch. Eine Ecke umschlagen, Baby so darauf legen, dass sein Nacken auf der Kante liegt.

2 Babyfüßchen mit der gegenüberliegenden Ecke zudecken – dabei so viel Platz lassen, dass es seine Beinchen ausstrecken kann.

3 Den linken Arm sanft an Babys Oberkörper anlegen, die linke Tuchkante darüberführen, fest anziehen und hinter dem Rücken feststecken.

4 Auf der rechten Seite wiederholen. Anschließend das Bündel mit einem breiten Geschenkband fixieren – fertig ist das Puck-Paket.

GUTE NÄCHTE

Das erste Ziel ist erreicht: Das Baby schläft! Aber alle paar Stunden wacht es wieder auf, verlangt nach Milch und Streicheleinheiten und findet nur mit Hilfe wieder in den Schlaf. Schlimm? Fürs Baby nicht – nächtliche Wachphasen sind im gesamten ersten Lebensjahr völlig normal. Doch für Eltern kann der Schlafmangel zu einer echten Qual werden. Und dann ist es Zeit, etwas zu ändern.

Wie Babys schlafen

Babys sind nicht zum Durchschlafen gemacht. Dass sie nachts aufwachen, Milch trinken und kuscheln wollen, ist in ihnen angelegt, und zwar mit drei Monaten ebenso wie mit sechs, neun oder zwölf. Videostudien zeigen sogar, dass die nächtlichen Wachzeiten im Babyjahr zunächst nicht weniger, sondern mehr werden: Mit drei Monaten wachen Babys im Schnitt zwei- bis dreimal auf, mit neun Monaten sind sie dagegen durchschnittlich fünfmal wach, um mit etwa einem Jahr wieder bei zwei bis drei Schlafunterbrechungen anzugelangen. Wenn ein Baby im gesamten ersten Jahr also immer wieder nachts aufwacht und nur mit Hilfe zurück in den Schlaf findet, ist das kein Hinweis auf eine Schlafstörung, sondern sein ganz natürliches Schlafverhalten. Gleichwohl ist es natürlich anstrengend und kann ganz schön an die Substanz gehen. Zum Glück gibt es sanfte Möglichkeiten, Babys allmählich an immer längere Schlafphasen zu gewöhnen, ohne sie mit strengen Schlafprogrammen zu quälen.

Mythos Durchschlafen

Ein Baby, das durchschläft, schläft am Abend ein und wacht erst am Morgen wieder auf. Richtig? Nein! Jeder Mensch wacht nachts mehrmals auf – Kinder wie Erwachsene. Wir erinnern uns nur am nächsten Morgen nicht daran, weil wir gleich wieder einschlafen. Das können wir, weil wir gelernt haben, Schlafzyklen miteinander zu verbinden.

Babys lernen das mit der Zeit auch – ganz von selbst. Und weil ihre Schlafzyklen mit der Zeit immer länger werden, schaffen sie es auch, immer länger am Stück zu schlafen. Als Durchschlafen definieren Schlafforscher, wenn es einem Baby gelingt, zwei Schlafzyklen von drei bis vier Stunden zu verbinden, also sechs bis acht Stunden am Stück zu schlafen. Das heißt: Ein Baby, das um sieben ins Bett geht und sich bis nachts um zwei nicht meldet, hat bereits durchgeschlafen!

Schlafmangel überstehen

Allen Tipps zum Trotz – es wird im Alltag mit Baby immer wieder zu kurze Nächte geben. Das hilft:

- **Kaffee.** Zwei bis drei Tassen am Tag sind auch für Stillende unbedenklich.
- **Frische Luft.** Macht munter. Also: Zu einem Spaziergang überwinden.
- **Mitschlafen.** Zum Glück schlafen Babys ja auch mal am Tag. Jetzt gilt es: Dazulegen, ausruhen, Kraftreserven tanken. Wichtiger als Haushalt & Co!
- **Nachbarn, Freunde, Babysitter.** Anrufen. Mit dem Baby im Kinderwagen oder in der Trage losschicken. Ins Bett legen. Nachschlafen.

Gute Nächte: der Drei-Punkte-Plan

Die gute Nachricht: Unruhige Nächte sind kein Schicksal, das man einfach ertragen muss. Oft erzielen kleine Änderungen eine große Wirkung. Die folgenden Überlegungen können Eltern dabei helfen, mit ihren Babys zu möglichst entspannten Nächten zu finden.

1 Den Unterschied zwischen Tag und Nacht zeigen

Im Bauch gibt es für Babys keinen Unterschied zwischen Tag und Nacht. Sie schlafen dort in ihrem eigenen Rhythmus: etwa alle zwanzig Minuten. Deshalb ist eins der ersten Dinge, die Babys auf dieser Welt lernen müssen: Hier gibt es Tage zum Wachsein und Nächte zum Schlafen. Studien belegen: Babys schlafen nachts schneller durch, wenn man ihnen klipp und klar den Unterschied zeigt. Nachts ist es dunkel und still, und vor allem furchtbar langweilig. Mama und Papa schlafen, zum Trinken wird allenfalls ein Schummerlicht angemacht, gewickelt wird nur im Notfall und ohne all die spannenden Bauchblubberspiele, die die Sache tagsüber so lustig machen. Umgekehrt scheint tagsüber die Sonne durchs Fenster, auch beim Mittagsschlaf. Und keiner schleicht auf Zehenspitzen durchs Haus.

2 Morgens raus ins Freie, abends in die Enge

Das erstaunliche Ergebnis einer schottischen Studie: Tageslicht fördert den Nachtschlaf! Babys, die in den Mittagsstunden draußen waren und viel Licht abbekamen, schliefen nachts länger am Stück. Eine andere Studie belegte wiederum, dass in enge Wickeltücher gebundene Babys tiefer und länger am Stück schlafen als Babys, die »nur« im Schlafsack schlafen. Tagsüber viel rausgehen und das Verdeck vom Kinderwagen so nach unten klappen, dass das Baby auch Sonnenlicht abbekommt, ist also auf jeden Fall einen Versuch wert. Und abends schön eng pucken (Seite 83)!

3 Nah beieinander schlafen

Möglichst nah aneinander dran zu schlafen, macht die Nächte schlagartig leichter. Der Grund: Es ist nicht das nächtliche Gewecktwerden selbst, das Eltern so fertigmacht. Sondern das, was danach kommt: aufstehen, zum Bettchen gehen, Baby rausnehmen, füttern, wieder hinlegen, zurück zum eigenen Bett gehen, sich hinlegen, nicht wieder einschlafen können, das Baby weinen hören, aufstehen, noch mal hingehen und so weiter. Schläft das Baby hingegen im Elternbett oder direkt nebenan im Beistellbettchen, lässt sich all das im Halbschlaf erledigen. Insbesondere stillende Mütter berichten, dass sie sich nach einer gewissen Übungsphase nachts nur noch ein wenig zur Seite drehen und ihr Baby anlegen, um noch während es trinkt wieder einzuschlafen. Untersuchungen im Schlaflabor zeigen: Sollen Eltern, die mit ihrem Baby die Matratze teilen, morgens per Fragebogen angeben, wie oft sie nachts wach waren, haben sie nur jedes zweite bis dritte Mal überhaupt mitbekommen. Ist das Schlafen im Familienbett keine Option, kann ein großes Bett im Kinderzimmer die Lösung sein. Abends wird das Baby allein schlafen gelegt, und sobald es wach wird, kuscheln Mama oder Papa sich einfach dazu.

Keine Angst vor dem Verwöhnen

Eltern, die ihr Baby in den Schlaf begleiten, müssen keine Sorge haben, ihm damit schlechte Schlafgewohnheiten anzutrainieren. Im Gegenteil: Hilfe beim Einschlafen zu bekommen ist ein **angeborenes Grundbedürfnis kleiner Kinder.** Sie werden dadurch nicht verwöhnt, sondern stark gemacht. Und das ist die beste Vorbereitung dafür, später einmal ohne Tränen selbstständig einzuschlafen.

WENN SICH ETWAS ÄNDERN MUSS

Immer wieder nachts geweckt zu werden, kann an die Substanz gehen. Zum Glück haben Eltern neben den Schlafen im Familienbett viele Möglichkeiten, sich und ihrem Baby die Nächte leichter zu machen.

So werden die Nächte ruhiger

Es gibt viele Möglichkeiten, ein Baby dabei zu unterstützen, nachts nicht mehr so oft wach zu werden, damit die Eltern besser zur Ruhe kommen.

Ans Bett gewöhnen

Es gibt Babys, die schlafen nur auf dem Arm ein. Oder im Tragetuch. Und werden dann vorsichtig umgebettet (Seite 80). Vielen macht das nichts aus. Andere sind dadurch verwirrt: »Nanu? Warum liege ich denn jetzt hier?« Studien zeigen: Babys, die am selben Ort einschlafen, wo sie auch weiterschlafen sollen, können sich nachts leichter selbst beruhigen. Also: Liebevoll ans Einschlafen im eigenen Bett oder im Familienbett gewöhnen!

Ein Kuscheltier einbeziehen

Einschlafen mit Teddy? Warum, wenn ich Mama haben kann? Gerade sehr nähebedürftige Kinder haben zu Kuscheltieren oft gar keinen Bezug. Das kann man sanft ändern, indem man den Schmusefreund der Wahl in die

Abendroutine einbezieht: Egal, ob beim Stillen, Wiegen oder Tragen – das Tier ist dabei. So verbinden Kinder nach einiger Zeit das Plüschtier mit der Geborgenheit, die ihm die Eltern schenken – und kann sich im Idealfall nachts, wenn es aufwacht, dieses Gefühl mit Teddy im Arm zurückholen.

Eine Trinkpause einführen

Mit durchschnittlich sechs bis acht Monaten ist ein Kind rein körperlich in der Lage, nachts mehrere Stunden ohne Nahrung auszukommen. Voraussetzung: Es hat tagsüber genügend Kalorien zu sich genommen. Sicherstellen können Eltern dies, indem sie begleitend zur Beikost alle zwei bis drei Stunden stillen oder Fläschchen anbieten. Dann können sie auch ab etwa acht Monaten guten Gewissens eine **sechsstündige Milchpause** etablieren, in der es gegen Durst nur Wasser gibt. Ehrlicherweise muss man sagen, dass viele Babys trotzdem weinen, wenn sie auf ihre nächtlichen Milchmahlzeiten verzichten müssen. Aber wenn sie dabei beständig Trost erfahren, können sie den Abschiedsschmerz meist gut bewältigen. Und schlafen nach durchschnittlich drei bis zehn Tagen in der Trinkpause durch.

Brücken reduzieren

Ein Einschlafritual einführen heißt, seinem Baby eine Brücke in den Schlaf zu bauen. Die meisten Babys können dabei gut unterscheiden zwischen dem Einschlafen am Abend und dem Wiedereinschlafen in der Nacht. Doch es gibt auch Babys, für die das Einschlafen so fest mit ihrem persönlichen Einschlafritual verknüpft ist, dass sie ganz vergessen haben, dass sie auch anders einschlafen können. Die Folge: Sie wollen alle paar Stunden aufs Neue in den Schlaf gestillt, getragen oder gewiegt werden. Schlafforscher sprechen in diesem Zusammenhang von einer **Einschlafassoziation** – die es nun schrittweise und sanft zu ändern gilt.

i Info

Vorsicht, Schlaflernprogramme!

Fast alle Baby-Eltern bekommen irgendwann den Tipp, ihrem Baby mit einem Programm beizubringen, allein ein- und durchzuschlafen. Schlaflernprogramme basieren stets auf demselben Prinzip: dem »kontrollierten Schreienlassen«. Dabei lässt man das Baby immer wieder für einen begrenzten Zeitraum allein in seinem Bett schreien, und zwar sowohl abends als auch nachts. Ein Baby, das so »schlaftrainiert« wird, schreit oft nächtelang verzweifelt nach seinen Eltern, bevor es irgendwann resigniert und nicht mehr ruft. Vor allem aufgrund der immensen psychischen Belastung sind Schlaflernprogramme in die Kritik geraten.

1 **Die Methode bedeutet für Babys großen Schmerz.** Dass die Eltern in festen Abständen wiederkommen, wirkt dabei nicht tröstend, sondern beschert dem Baby wieder und wieder die Erfahrung, seine Eltern mit all seiner Verzweiflung nicht vom Gehen abhalten zu können.

2 **Babys lernen nicht zu schlafen, sondern aufzugeben.** Die Furcht und Verzweiflung, die ein Kind beim »kontrollierten Schreienlassen« erlebt, lähmt alle Strukturen im kindlichen Gehirn, die fürs Lernen verantwortlich sind. Das Baby entwickelt also keine neuen Fähigkeiten, sondern wird durch das Programm schlicht darauf konditioniert, dass sein Schreien nicht gehört wird.

3 **Schlaflernprogramme sind schädlich für die Entwicklung.** Wird ein weinendes Kind sich selbst überlassen, wird sein Gehirn von Stresshormonen überschwemmt, die seine empfindlichen Hirnstrukturen dauerhaft schädigen können. Trennungsängste und Panikattacken sowie Suchterkrankungen im Erwachsenenalter können die Folge sein.

Bedürfnisse in Balance

Jeder Mensch braucht Schlaf: zum Ausruhen, zum Verarbeiten, zum Krafttanken. Der individuelle Schlafbedarf ist angeboren und unveränderbar – nicht nur bei Kindern, auch bei Erwachsenen. Wer auf die Dauer weniger Schlaf kriegt, als er braucht, wird ungeduldig, reizbar – und irgendwann krank. Beim Thema Schlaf ist deshalb besonders wichtig, was auch ganz allgemein im Babyjahr gilt: Der größte Gefallen, den Eltern ihrem Kind tun können, ist, immer auch gut für sich selbst zu sorgen. Auch wenn das Baby das schwächste Glied in der Kette ist, müssen seine Bedürfnisse nicht stets an erster Stelle stehen. Sondern in Balance sein mit den Bedürfnissen der Großen, damit alle genug von dem bekommen, was sie brauchen.

Entdecke die Möglichkeiten!

Der größte Schlafhemmer sind festgefahrene Vorstellungen davon, wann, wie und wo Babys zu schlafen haben. Dabei ist die Palette der Schlafvarianten breit und bunt – und jede Familie kann sich aus einer Vielzahl wunderbarer Möglichkeiten immer die aussuchen, die gerade am besten passt. Ein Tragetuch kann für ein Baby ein genauso guter Schlafort sein wie Stubenwagen, Elternbett, Mamas Arm oder Papas Bauch. Feste Schlafenszeiten können ebenso gut funktionieren wie das Schlafen nach Bedarf. Und die Brust darf ebenso beim Einschlafen helfen wie ein getragenes T-Shirt von Mama oder Papa. Einziges Tabu: Dauernuckeln an süßen Getränken wie gezuckertem Babytee – der Zähne wegen.

Wiegen, Streicheln, Wippen, Hüpfen oder einfach still da zu sein hat nichts mit Verwöhnen zu tun – gemeinsam stille Zeit zu verbringen ist für das Baby genauso wertvoll wie das lustige Türmchenspiel vom Nachmittag. Das Baby lernt dabei, sich zu entspannen. Und vielleicht lernen Mama und Papa es auch – ein Gewinn für die ganze Familie!

Ändern geht immer

Viele Eltern schrecken vor aufwendigen Einschlafhelfern jedoch oft zurück – aus Angst, sie nicht wieder loszuwerden. Doch das ist ein Trugschluss: Wie ein Kleinkind schläft, hat nichts damit zu tun, wie es als Baby eingeschlafen ist. Kinder verändern sich – und mit ihnen verändern sich auch ihre Einschlafgewohnheiten. Manche Eltern warten, bis sich die Gewohnheiten von selbst verlieren. Aber es ist auch völlig legitim, nachzuhelfen, wenn sich ein Ritual nicht mehr gut anfühlt. Natürlich kann es sein, dass in der Zeit der Umstellung auch mal Tränen fließen. Aber solange das Baby dabei beständig liebevoll begleitet wird, kann es den Abschied von lieb gewonnenen Einschlafhelfern auch verkraften.

Zeit lassen, dabeibleiben!

Die Entwöhnung klappt umso sanfter, je mehr Zeit Eltern dafür einkalkulieren. Deshalb ist es wichtig, rechtzeitig wahrzunehmen, wenn ein Einschlafritual nicht mehr passt – und es dann langsam auszuschleichen und durch ein anderes, nervenschonenderes zu ersetzen.

Für den Erfolg wichtig ist natürlich, dass Eltern nicht selbst »schwach werden«. Drei bis zehn Tage kann es schon dauern, bis sich eine neue Gewohnheit etabliert hat. Also: Mit dem Umgewöhnen am besten übers Wochenende oder im Urlaub beginnen, wenn auch Eltern verlorenen Schlaf tagsüber nachholen können. Praktisch ist es auch, wenn Eltern sich bei der nächtlichen Begleitung abwechseln können – denn nächtelang bei einem weinenden Baby zu liegen und immer noch liebevoll und zugewandt zu handeln, kann eine ziemliche Herausforderung sein.

SICHER UND GEBORGEN SCHLAFEN

Einen kuscheligen Schlafplatz fürs Baby herzurichten macht Spaß und ist überhaupt nicht schwer. Denn sowohl im Elternbett als auch im eigenen Gitterbett schlafen Babys geborgen und geschützt – sie sollten nur in jedem Fall auf dem Rücken liegen und frei atmen können.

Sicher schlafen

Es ist die größte Angst aller Eltern: dass ihr Baby im Schlaf zu atmen aufhören könnte. Zum Glück passiert das nur in den seltensten Fällen. Und: Eltern können sehr viel dafür tun, das Risiko für ihr Baby weiter auf ein absolutes Minimum zu senken. Die wichtigsten Schutzmaßnahmen:

Stillen senkt das Risiko um bis zu 50 Prozent. Aber auch ein Schnuller kann schützend wirken.

Nicht rauchen und die Wohnung rauchfrei halten.

Das Baby auf den Rücken legen, denn erst wenn sich Babys selbst auf den Bauch drehen können, ist diese Schlafposition auch unbedenklich.

Das Gesicht freihalten, denn Decken und Kissen können Atemwege blockieren: Babys schlafen am sichersten im Schlafsack und ohne Kopfkissen.

Im ersten Lebensjahr im Elternschlafzimmer schlafen lassen. Untersuchungen haben gezeigt, dass Babys bei Atemaussetzern durch hörbar atmende Eltern nebenan intuitiv zum Weiteratmen animiert werden.

SCHLAFEN IM FAMILIENBETT

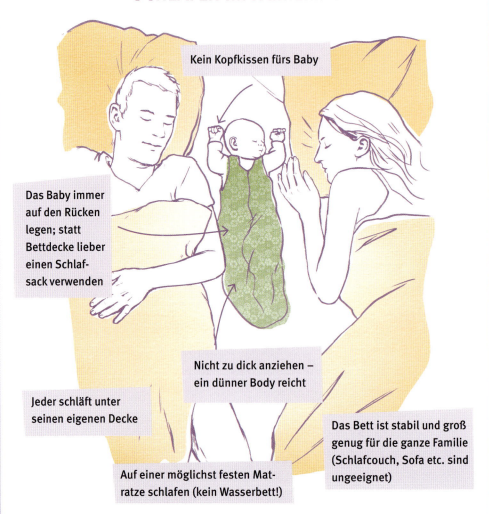

Kein Kopfkissen fürs Baby

Das Baby immer auf den Rücken legen; statt Bettdecke lieber einen Schlafsack verwenden

Nicht zu dick anziehen – ein dünner Body reicht

Jeder schläft unter seinen eigenen Decke

Das Bett ist stabil und groß genug für die ganze Familie (Schlafcouch, Sofa etc. sind ungeeignet)

Auf einer möglichst festen Matratze schlafen (kein Wasserbett!)

Schön kuschlig und einfach praktisch – so empfinden viele Eltern das Schlafen im Familienbett. Wichtig ist nur, dass niemand im Bett extrem übergewichtig oder Raucher ist oder unter dem Einfluss von Medikamenten, Alkohol oder Drogen steht.

SCHLAFEN IM GITTERBETTCHEN

Auch im eigenen Bettchen können Babys sich geborgen fühlen. Aber bitte auf Nestchen, Betthimmel, Spielketten und andere Verzierungen verzichten.

TRÖSTEN UND BERUHIGEN

Wenn ein Baby weint, hat das immer einen Grund. Eltern lernen rasch, was ihr Kind ihnen sagen will. Und: Je schneller sie darauf reagieren, desto besser. Allerdings signalisieren nicht alle Babys ihre Bedürfnisse gleich deutlich, und jedes hat seine eigene »Sprache«.

WARUM WEINST DU, BABY?

Kommunizieren kann ein Baby von Geburt an, mit Blicken, Lauten und Mimik. Geht es ihm aus irgendeinem Grund nicht gut, drückt es das besonders deutlich aus. Es beginnt zu schreien.

Können Tränen lügen?

Wenn ein Baby schreit, klingt das wie ein verzweifelter Hilferuf. Der erste Impuls: Sofort hinrennen. Und doch bleibt oft die Sorge: Lernt unser Kind so, dass es durch Brüllen immer alles bekommt?

Bei der Antwort auf diese Frage hilft die sogenannte Signal-Theorie aus der Verhaltensbiologie. Sie besagt: Je teurer und aufwendiger ein Signal ist, desto ehrlicher ist es auch. Bezogen auf ein weinendes Baby heißt das: Schreien kostet nie mehr Energie als im ersten Lebensjahr. Deshalb ist ein Baby darauf programmiert, nicht mehr einzufordern, als es braucht, und dabei nicht mehr zu schreien als unbedingt nötig. Das Schrei-Signal ist für ein Baby also sehr »teuer« – und demzufolge auch sehr ehrlich. Deshalb ist wichtig, auf das Weinen eines Babys prompt zu reagieren und seine Bedürfnisse angemessen zu erfüllen. Je älter ein Kind wird, desto stärker verschiebt sich dieses Verhältnis: Jetzt werden Tränen »billiger« – und damit auch manchmal unehrlicher. Ein Kleinkind bringt mit Schreien und Weinen nicht nur Bedürfnisse zum Ausdruck, sondern auch Wünsche. Und während es nach wie vor alles bekommen sollte, was es braucht, kann es nun auch lernen, dass es nicht alles bekommt, was es will.

DIE ACHT HÄUFIGSTEN GRÜNDE FÜR BABYSCHREIEN

Warum weint das Baby?	Typische Erkennungs- zeichen	Was tun?
Sehnsucht nach Nähe	• Verzweifeltes, schluchzendes Weinen. • Das Baby streckt die Arme nach den Eltern aus.	Auf den Arm oder ins Tragetuch nehmen (Seite 107), streicheln, leise mit dem Baby sprechen.
Hunger	• Zuerst leichtes Quengeln, das sich immer mehr steigert. • Das Baby saugt an der Faust. • Das Baby dreht suchend den Kopf hin und her.	Brust bzw. Flasche mit Pre-Nahrung anbieten – egal, wie lange die letzte Mahlzeit her ist (Seite 37).
Müdigkeit	• Leichtes Quengeln, das sich immer mehr steigert. • Das Baby reibt sich die Augen oder die Nase. • Das Baby gähnt.	Das Baby in den Schlaf begleiten (Seite 79).
Schmerzen	• Das Baby schreit laut und schrill, bis es keine Luft mehr bekommt. • Zwischendurch verfällt es in klagendes Jammern, dann schreit es wieder heftig. • Der Kopf des Babys ist rot, der Puls rast, die Fäustchen sind geballt.	• Überprüfen: Klemmt oder drückt die Kleidung? Ist es irgendwo wund? • Hat es vielleicht Bauchweh? Dann hilft Tragen, ein wärmendes Kirschkernkissen oder eine Massage. • Wenn Eltern den Grund nicht finden: Kuscheln, streicheln, Nähe geben.

Lust auf Action	• Das Baby quengelt, wartet auf eine Reaktion, und wenn diese nicht kommt, quengelt es weiter in steigender Intensität. • Das Baby sucht direkten Blickkontakt.	Dem Baby ins Gesicht schauen und ihm ein einfaches Spiel anbieten. Je nach Alter kann das Grimassenschneiden oder Bauklotztürmeumschmeißen sein.
Reizüberflutung	• Das Baby weint und stößt immer wieder unspezifische Schreie aus. • Das Baby wendet sich ab und »vergräbt« sich im Pulli der Eltern.	Dem Baby Ruhe und viel Nähe geben. Weil Babys sich sehr darin unterscheiden, wie viele Sinneseindrücke sie verarbeiten können, lässt sich Reizüberflutung nur durch feinfühliges Beobachten vermeiden.
Hitze und Kälte	• Das Baby meckert, winselt, wirkt unglücklich. • Das Baby schreit ohne ersichtlichen Grund.	Überprüfen, ob das Baby weder friert noch schwitzt. • Der Nacken soll sich warm, aber nicht feucht anfühlen – sonst ist es zu heiß. • Fühlen sich sein Bauch und seine Füße kühl an, friert es wahrscheinlich.
Angst	• Das Baby schreit schrill, mit hochrotem Kopf und geballten Fäustchen. • Das Baby zittert. • Das Baby klammert sich an die Eltern oder einen Gegenstand. • Das Baby wirkt ganz steif und verkrampft.	Dem Baby am ganzen Körper Begrenzung geben im Trage- oder Pucktuch (Seite 107 und 83). Das Baby leicht hin und her wiegen, »Schschsch« sagen, es streicheln, ihm etwas zum Nuckeln (Brust, Finger, Schnuller oder Pre-Milch-Fläschchen) anbieten.

Wenn Babys scheinbar grundlos schreien

Es gibt immer wieder Situationen, in denen die Eltern beim besten Willen nicht herausfinden, was ihrem Baby fehlt. Was dann?

- Bei jeder Art von Schreien hilft Babys kontinuierliche körperliche Nähe, mit dem erhöhten Stresspegel umzugehen. Selbst wenn es auf Eltern so wirkt, als würde das schreiende Baby gar nicht merken, ob es in der Wiege oder auf dem Arm ist, hilft ihm die Nähe beim Ruhigwerden.

- Babys schreien nie »einfach so«. Sie schreien auch nicht, um ihre Eltern zu ärgern, auszutesten oder zu manipulieren. Ein schreiendes Baby fühlt sich immer schlecht, deshalb braucht es immer Trost.

- Manche Psychologen glauben, dass Babys auch deshalb anhaltend schreien, um die Erfahrung des Geborenwerdens und Ankommens auf der Welt zu verarbeiten. Beruhigen können Eltern sie dabei nicht – aber sie können sie liebevoll begleiten.

Der Umgang mit dem schreienden Baby

Wenn ein Baby über einen längeren Zeitraum schreit oder weint, ohne dass die Eltern etwas dagegen tun können, kann das das Wohlbefinden der ganzen Familie sehr belasten. Helfen kann in dieser Situation zum Beispiel häufiges Stillen. Selbst wenn das Baby eigentlich keinen Hunger hat: Warme, süße Milch an Mamas Brust zu trinken beruhigt und entspannt. Auch schaukelnde Bewegungen durch Tragen am Körper eines Erwachsenen beruhigen auf Dauer. Für Eltern, die es schwer ertragen, von ihrem Baby vorm Bauch »angeschrien« zu werden, ist das Tragen auf dem Rücken (Seite 105) eine gute Alternative. So hat das Baby Nähe, und die Eltern können zur Ablenkung zum Beispiel einen Kuchen backen.

Das gleichmäßige Ruckeln im Kinderwagen entspannt Babys, die gerne in diesem Gefährt sind, ungemein. Oft beruhigen sie sich dadurch und schlafen erschöpft ein – einen Versuch ist es wert.

Ist man selbst für alle anderen Maßnahmen zu kaputt, hilft es, sich zusammen ins große Bett zu kuscheln. Nebeneinanderliegen, die Hand auf den Bauch des Babys legen, selbst ruhig werden. Tief ein- und ausatmen. Aushalten, dass das Baby jetzt eben mal schreit. Es ist ja nicht allein. Und irgendwann wird es wieder aufhören. Ganz sicher.

Schnuller: Bitte nicht »zustöpseln«!

Nuckeln entspannt. Seit Jahrtausenden legen Mütter ihre Babys an die Brust, um sie zu beruhigen. Aber auch ein Schnuller kann helfen.
Eltern sollten dabei allerdings folgende Punkte beachten:

- Das Baby soll den Schnuller freiwillig im Mund behalten. Spuckt es ihn aus, wird er nicht wieder reingesteckt!

- Babys kommunizieren, indem sie meckern, jammern und schreien. Es ist wichtig, dass Eltern versuchen, diese Signale zu verstehen, und ihr weinendes Baby nicht stattdessen mit dem Schnuller »zustöpseln«.

- Für die Entwicklung von Babys ist es wichtig, dass sie nicht stundenlang am Schnuller nuckeln, sondern den Mund frei haben zum Brabbeln und Entdecken.

- Am besten binden Eltern den Einsatz des Schnullers an feste Situationen, so dass er zum Beispiel nur bei unstillbaren Schreiattacken sowie als Einschlafhilfe zur Verwendung kommt!

FAQs zum Schreien und Beruhigen

Warum schreien manche Babys mehr als andere?

Wie viel ein Baby schreit, ist zunächst einmal eine Frage des persönlichen Temperaments. Auch das Alter spielt eine Rolle: In den ersten zwei Lebensmonaten schreien Babys im Schnitt zusammengenommen fast zwei Stunden am Tag. Nach drei Monaten nehmen die Schreizeiten dann deutlich ab, die meisten Babys schreien nun zusammengerechnet noch eine Stunde täglich oder noch weniger. Schließlich spielt auch der Umgang mit dem Baby eine Rolle: Reagieren Eltern prompt auf ihr Baby, hört es schneller zu weinen auf.

Gibt es Strategien, um die Schreizeiten so gering wie möglich zu halten?

Ja. Studien haben gezeigt, dass Babys weniger als andere schreien, wenn
… ihre Eltern sofort auf jedes Weinen reagieren.
… sie größtenteils am Körper eines Erwachsenen getragen werden.
… sie nach Bedarf gestillt bzw. gefüttert werden.
… sie nachts nah bei den Eltern schlafen dürfen.

Kann ein Besuch beim Osteopathen Schreibabys helfen?

Wenn ein Baby immer wieder scheinbar ohne Grund schreit, machen viele Eltern gute Erfahrungen mit einer osteopathischen Behandlung. Dabei wird der Körper des Babys von einem Therapeuten sanft abgetastet und bewegt, wobei die speziell geschulten Hände Blockaden ertasten, wie sie insbesondere nach schwierigen Geburten und Kaiserschnitten häufig vorkommen. Diese werden dann vorsichtig gelöst. Allerdings müssen Eltern diese Therapie meist selbst bezahlen.

Können Babys verwöhnt werden, wenn man immer sofort auf jedes Weinen reagiert?

Wer ein weinendes Baby tröstet, gibt ihm den Rückhalt, den es für seine gesunde Entwicklung braucht. Verwöhnt werden Kinder, wenn sie im Kleinkindalter keine Grenzen kennenlernen und mit Ersatzbefriedigungen ruhiggestellt werden. Im Babyjahr ist Verwöhnen unmöglich!

Wie lernt ein Baby, sich selbst zu beruhigen?

Indem es von einem Erwachsenen wieder und wieder beruhigt wird und dabei immer wieder die Erfahrung machen darf, dass es nicht allein ist. So speichert sein Gehirn ab, dass Stress und Panik sich bewältigen lassen – ein wertvolles Geschenk für das ganze Leben. Es lernt, Krisen und Herausforderungen auch im späteren Leben mit Gelassenheit zu begegnen.

Niemals schütteln!

Schreiende Babys können ganz schön verzweifelt machen. Manche Eltern verspüren dann den Impuls, ihr brüllendes Baby heftig zu schütteln, damit es endlich still ist. Das ist sehr gefährlich, Babys können daran sogar sterben. Deshalb ist es ganz wichtig, dass Eltern rechtzeitig die Notbremse ziehen: Brüllendes Baby sicher ins Bett oder in den Laufstall legen und das Zimmer verlassen. Ein Glas kaltes Wasser trinken, tief durchatmen, Kraft sammeln. Wenn möglich jemanden anrufen, der kommt und hilft. In jedem Fall aber erst wieder zum Baby reingehen, wenn man die Wut im Griff hat.

24-STUNDEN-BABYS

Es gibt Babys, die sind einfach anders: Sie schreien mehr, schlafen schlechter, wirken nervös und überreizt. Gleichzeitig sind sie oft besonders wissbegierig und motorisch weit voraus. Weil diese Kinder ihre Eltern oft Tag und Nacht auf Trab halten, hat der amerikanische Kinderarzt William Sears für sie den Begriff »24-Stunden-Babys« geprägt.

Anspruchsvolle Babys

Untersuchungen haben gezeigt, dass weltweit etwa jedes siebte Baby deutlich mehr schreit als seine Altersgenossen. Typisch für diese Babys ist, dass sie **sehr neugierig auf die Welt** sind, gleichzeitig aber auch leicht überreizt werden. Sie haben oft eine auffällig hohe Körperspannung, sind sehr aktiv und in motorischer Hinsicht weit für ihr Alter, gleichzeitig aber auch besonders nähebedürftig. Viele finden, auch wenn sie müde sind, nur schwer in den Schlaf und wachen häufig bereits nach kurzer Zeit wieder auf.

Ist unser Kind ein Schreibaby?

Nicht alle, aber viele 24-Stunden-Babys sind auch Schreibabys. Die sogenannte **»Dreier-Regel«** hilft Kinderärzten herauszufinden, ob ein Baby ein Schreibaby ist: Schreit ein Baby über einen Zeitraum von mindestens drei Wochen an mindestens drei Tagen pro Woche mindestens drei Stunden am Tag, dann gilt es als Schreibaby.

Haben Eltern den Verdacht, dass ihr Kind ein Schreibaby sein könnte, lohnt es sich, über mindestens sechs Tage ein Schreiprotokoll zu führen. Darin wird festgehalten, wann ihr Baby im Tagesverlauf wie viel schrie. So bekommen Eltern einen Überblick über gefühlte und tatsächliche Schreizeiten.

Schreiambulanzen

Immer mehr Kliniken und Familienberatungsstellen bieten Sprechstunden für Eltern von Schreibabys an. Eine gute Idee – doch leider ist der Begriff »Schreiambulanz« nicht geschützt, und es gibt keine einheitlichen Standards oder Qualitätskontrollen. Deshalb ist es wichtig, dass Eltern genau hinsehen: Gehen die Berater hier stur nach Schema F vor, oder suchen sie mit uns nach einem Weg, der zu uns passt? Es ist belegt, dass Eltern oft bereits nach drei Terminen in einer guten Schreibabyberatung mit ihrem Baby gelassener und selbstbewusster umgehen können. Weiterführende Informationen gibt's zum Beispiel auf www.mein-schreibaby.de, Kontaktdaten von Schreiambulanzen auf www.schreibabyambulanz.info.

Das hilft im Alltag mit einem 24-Stunden-Baby

- **Entlastung organisieren:** 24-Stunden-Babys brauchen viel Aufmerksamkeit – aber auch Nachbarn, Freunde, Großeltern und Babysitter können es tragen oder im Kinderwagen herumschieben, während die Eltern ausruhen.

- **Das Baby auf dem Rücken tragen:** So bekommt es die Nähe, die es braucht, und die Mutter oder der Vater kann sich ein Stück Normalität zurückerobern und zumindest mal was kochen und essen.

- **Fotos von guten Momenten machen** – sie geben Kraft an schweren Tagen.

GEMEINSAM UNTERWEGS

Für Babys gibt es nichts Schöneres, als gemeinsam mit Mama und Papa die Welt zu entdecken. Ob es nur eben zum Supermarkt geht oder auf die erste Reise – dank moderner Tragehilfen, Kinderwagen und Baby-Autositze können Eltern ihr Kind bequem überallhin mitnehmen.

TRAGEN

Alle Eltern tragen ihre Babys. Ganz ohne Tragehilfe, einfach auf dem Arm. Leider wird der dabei schnell lahm. Wer sein Baby also länger tragen möchte als nur mal schnell vom Auto in die Wohnung, ist mit einem Tuch oder einer Tragehilfe gut beraten. Das schont den Rücken und tut den Babys richtig gut, denn aus biologischer Sicht sind sie Traglinge: dafür gemacht, eng an Mama oder Papa gekuschelt die Welt zu entdecken.

Die passende Tragehilfe

Die Auswahl verschiedenster Babytragehilfen ist riesig. Eine Übersicht:

- Ein **Tragetuch** ist die vielseitigste aller Tragehilfen. Eltern können es vom ersten Lebenstag bis weit ins Laufalter hinein verwenden und ihr Kind damit vor dem Bauch, auf der Seite und auf dem Rücken tragen. Der Einsatz erfordert allerdings etwas Geschick, Übung und Geduld.

- Ein **Ringsling** ist eine Tragehilfe aus Tragetuchstoff mit festgenähten Ringen, der Stoff wird festgezogen und nicht geknotet. Er ist ideal für den schnellen Einsatz: perfekt, um ein Neugeborenes darin vor dem Bauch oder ein neugieriges Baby auf der Seite zu tragen.

- Ein **Mei Tai** ist eine einfache Tragehilfe mit Trägern und Hüftgurt zum Knoten, die leicht anzulegen ist. Gute Mei Tais wachsen durch verschiedene Einstellmöglichkeiten in der Größe mit.

- Eine **Fertigtrage** mit Klettverschlüssen oder Schließschnallen ermöglicht Eltern, ihr Baby mit wenigen Griffen sicher festzuschnallen. Doch Vorsicht: Viele Modelle auf dem Markt sind insbesondere für kleine Babys nicht empfehlenswert. Eine gute Fertigtrage erkennen Eltern daran, dass sie sich individuell sowohl an den Tragenden als auch ans Baby anpassen lässt und die gesunde Anhock-Spreiz-Haltung mit gerundetem, aber gestütztem Rücken ermöglicht.

Trageberatung

Damit das Tragen von Anfang an problemlos klappt, ist es ratsam, sich möglichst bald nach der Geburt eine Trageberatung zu gönnen. Adressen bekommt man häufig von der Nachsorgehebamme, sonst über www.Stillen-und-Tragen.de, Unterpunkt »Trageberatung vor Ort«. Trageberaterinnen und -berater sind dafür ausgebildet, mit Eltern gemeinsam die für sie und ihr Baby am besten passende Bindeweise oder Tragehilfe auszuwählen. Sie können die verschiedensten Tragetuch-Bindeweisen besser erklären als jede gedruckte Anleitung und sind kompetente Ansprechpartner bei allen Fragen rund ums Tragen.

Mit dem Gesicht nach vorn tragen?

Manche Babytragen bieten die Möglichkeit, das Baby auch umgekehrt – also mit dem Gesicht nach vorn – hineinzusetzen, damit es mehr sieht. Trage-Experten raten davon aber dringend ab, denn das Baby nimmt dabei automatisch eine ungesunde und teilweise schmerzhafte Körperhaltung ein. Es ist allen Reizen schutzlos ausgeliefert und kann sich nicht zurückziehen. Will ein Baby beim Tragen mehr sehen, sollten Eltern es daher lieber auf der Hüfte oder auf dem Rücken tragen, wo es Mama oder Papa über die Schulter gucken kann!

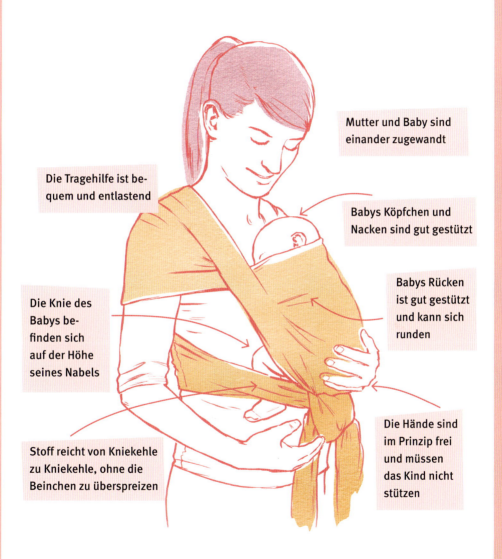

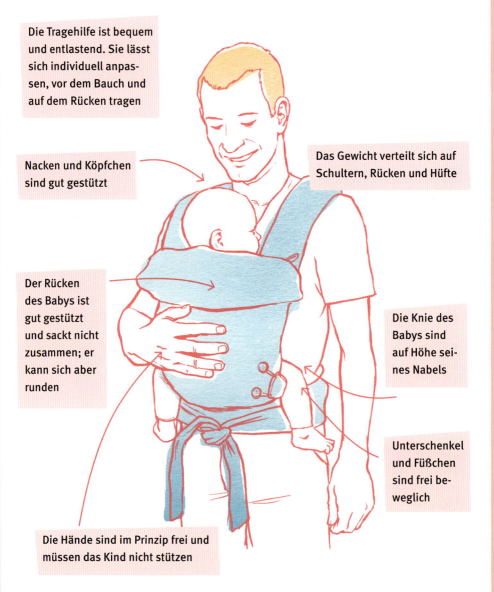

SPAZIEREN SCHIEBEN

Kinderwagenschieben muss man nicht lernen. Das geht wie von selbst: Baby reinlegen, Mützchen auf, nach Bedarf zudecken, und los geht's. Viele Babys genießen die gleichmäßigen schaukelnden Bewegungen sehr und schlafen schon auf den ersten Metern ein.

Der passende Kinderwagen

Für fast alle Bedürfnisse gibt es den passenden Kinderwagen. Die Auswahl ist riesig. Vor dem Kauf sollte man sich daher folgende Fragen stellen:

- Brauchen wir einen leichten, wendigen Wagen für die Stadt? Dann sind die einkaufswagenähnlichen Modelle mit kleinen Schwenkrädern super geeignet. Will man auch mal auf Waldwegen unterwegs sein können, sind robuste Kinderwagen mit vier großen Rädern oft die bessere Wahl.

- Lässt sich die Schiebestange so verstellen, dass beide Elternteile den Wagen bequem schieben können?

- Passt der Wagen zusammengeklappt auch gut ins Auto?

- Ist die Liegewanne lang und breit genug? Weniger als 40 mal 75 cm sollten es nicht sein.

- Auf jeden Fall wichtig: eine gute Federung, um die empfindliche Wirbelsäule des Babys zu schützen.

Wenn Babys nicht in den Wagen wollen

Nicht alle Babys mögen das Ausfahren im Kinderwagen von Anfang an gern. Vor allem sehr **nähebedürftige Babys** fangen oft an zu weinen, sobald die Eltern sie hineinlegen wollen. Der Grund: Im Kinderwagen haben Babys keinen direkten Körperkontakt mit den Eltern und können sie meist nicht einmal richtig sehen. Vielen Babys reicht das beruhigende Schaukeln als Rückversicherung, trotzdem nicht allein zu sein. Weint oder schreit ein Baby jedoch im Wagen anhaltend, heißt das: »Hilfe! Ich wurde hier allein zurückgelassen.«

Manche Babys lassen sich mit einem nach Mama riechenden Tuch oder einem Schnuller beruhigen und freunden sich doch noch mit dem Kinderwagen an. Die Eltern der anderen schaffen sich am besten eine gute Tragehilfe an – und motten den Kinderwagen erst mal ein. Der Kauf war trotzdem nicht umsonst: Sobald die Babys sitzen können, genießen auch sie meist gemeinsame Spaziergänge mit Mama und Papa.

Info

Babyschalen als Kinderwagenaufsatz

Manche Hersteller bieten Modelle an, bei denen die Babyschale aus dem Auto auf das Fahrgestell geschnallt werden kann. Von deren Verwendung raten Orthopäden jedoch entschieden ab. Der Grund: Die gekrümmte Haltung in der Babyschale ist im Auto wichtig, weil das Baby so im Fall eines Aufpralls optimal geschützt ist. Für seine gesunde Entwicklung ist es jedoch wichtig, dass das Baby nicht mehr Zeit als unbedingt notwendig in dieser unnatürlichen Krümmung verbringt, denn für seinen Rücken ist sie nicht gesund.

Im Sitzen fahren

Je älter Babys werden, desto mehr wollen sie von der Welt sehen. Doch für ihre gesunde körperliche Entwicklung ist es wichtig, dass Eltern der Versuchung widerstehen, sie deshalb bereits mit wenigen Monaten in sitzender oder halbsitzender Position Kinderwagen fahren zu lassen. Als Faustregel gilt: Erst wenn ein Baby sich selbst hinsetzen kann, ist es alt genug, auch im Kinderwagen zu sitzen.

Die meisten Kinderwagen lassen sich dann zum Sportwagen umbauen. Von da an sollte das Baby bei allen Spaziergängen angeschnallt werden (mit einem 5-Punkt-Gurt), zusätzlich hat es einen Bügel zum Festhalten. Beim Umbau sollten Eltern außerdem darauf achten, den Sitz so anzubringen, dass das Baby mit **Blickrichtung nach hinten** sitzt. Der Grund: Ein Baby, das mit Blick nach vorn spazieren gefahren wird, ist allen Reizen schutzlos ausgeliefert. Außerdem kann es keinen Blickkontakt mit dem Erwachsenen aufnehmen, der es schiebt. Untersuchungen belegen, dass Eltern, die beim Fahren keinen Blickkontakt mit ihrem Baby haben, kaum mit ihm kommunizieren. In der Folge ist bei diesen Babys nach den Spaziergängen der Stresshormon-Spiegel im Blut deutlich höher als bei Babys, die rückwärts unterwegs waren.

Und was ist mit Buggys?

Buggys sind Schmalspur-Kinderwagen: kleiner, handlicher, leichter mitzunehmen und für Spaziergänge mit Kleinkindern, die ab und zu ihre Füße ausruhen müssen, deshalb optimal. Kinderärzte raten jedoch davon ab, Buggys **vor dem 1. Geburtstag** zu verwenden. Denn: Buggys sind auch leichter, weil sie weniger gut gepolstert und gefedert sind. Dadurch ist aber die empfindliche Babywirbelsäule darin auch nicht davor geschützt, mit jeder Unebenheit auf der Straße einen Stoß versetzt zu bekommen.

AUTO FAHREN

Viele Babys fahren gerne Auto. Beim gleichmäßigen Brummen des Motors und den gleitenden Bewegungen stellen viele in puncto Mittagsschlafzeiten regelrechte Rekorde auf. Trotzdem ist es wichtig, auf längeren Fahrten regelmäßige Pausen einzuplanen, in denen das Baby aus der Babyschale rauskommt und sich frei bewegen kann.

Welche Babyschale brauchen wir?

Womit Babys im Auto unterwegs sein dürfen, regeln strenge Gesetze. **So sind in Deutschland nur Kindersitze zugelassen, die die aktuelle Europäische Prüfnorm ECE 44 erfüllen und deren Prüfziffer entweder mit 03 oder 04 beginnt. Ältere Modelle dürfen im Straßenverkehr nicht mehr verwendet werden!**
Werden Eltern dabei erwischt, ein Baby ohne einen der zugelassenen Babysitze im Auto zu transportieren, müssen sie mit einem saftigen Bußgeld und einem Punkt im Verkehrssünder-Register rechnen.

Rückwärtsfahren ist wichtig!

Sicherheitsexperten sind sich darüber einig, dass es für Kinder bis 18 Monate am sichersten ist, im Auto in Kindersitzen mit Blickrichtung nach hinten transportiert zu werden. Der Grund: Bei ihnen ist der Kopf im Verhältnis zum Körper so schwer, dass er bei einem Unfall unverhältnismäßig stark nach vorn geschleudert würde. Eine rückwärtsgewandte Sitzposition

Auto fahren

verringert deshalb die Belastung der Halswirbelsäule um über 80 Prozent – und das kann Leben retten! Viele Kinderärzte raten deshalb, Babys so lange wie möglich in der Babyschale zu transportieren. Die ist allerdings nur bis zu einem Körpergewicht von maximal 13 Kilo zugelassen. Die nächstgrößeren Sitze gibt's zumindest im Babymarkt fast immer nur mit Blickrichtung nach vorn.

Eine bedenkenswerte Alternative stellen deshalb Reboard-Sitzsysteme dar, die von der Geburt bis ins vierte Lebensjahr mitwachsen und dabei durchgängig eine rückwärtsgewandte Transportweise ermöglichen.

Achtung, Airbag!

Viele Eltern finden es besonders praktisch, wenn das Baby auf dem Beifahrersitz mitfährt. Man kann sich besser »unterhalten«, runtergefallene Schnuller anreichen und ab und zu Blickkontakt herstellen. Das ist prinzipiell möglich – aber nur, wenn dort der Airbag ausgeschaltet ist! Bei Autos, die dazu keinen Hebel haben, ist dafür ein Besuch in der Werkstatt nötig.

Gut vorbereitet für längere Autofahrten

- Im Sommer an einen Sonnenschutz an der Autoscheibe denken!
- Reisen beide Eltern mit, sitzt am besten immer einer hinten, wenn das Baby wach ist.
- Ein Reisewasserkocher kann fürs Zubereiten von Fläschchen und Breien während der Fahrt praktisch sein.
- Weil Babys beim langen Stillsitzen in der Babyschale oft kalt wird, an extra-warme Söckchen denken!

MIT FAHRRAD, BAHN UND FLUGZEUG UNTERWEGS

Babys finden es klasse, gemeinsam mit Mama und Papa unterwegs zu sein. Egal ob es nur eben mit dem Fahrrad auf den Wochenmarkt geht, mit der Bahn zu Oma oder mit dem Flugzeug in den Urlaub.

Fahrradfahren mit Baby

Radtouren mit Baby sind kein Problem – wenn man einen Fahrradanhänger zur Verfügung hat. Denn in Fahrradsitzen für den Gepäckträger sitzen erst Kinder ab dem 1. Geburtstag stabil. **Kinderfahrradanhänger** sind hingegen eine sichere und komfortable Möglichkeit, Babys ab etwa 4 Monaten mit dem Fahrrad mitzunehmen. Kleine Babys werden in speziellen Babyschalen oder Hängematten gesichert, die im Anhänger montiert werden. Ab dem Sitzalter können Babys dann auch mit dem normalen Gurt angeschnallt werden. Die Anhänger sind in der Anschaffung recht teuer, können aber gut gebraucht gekauft werden.

Bahnfahren mit Baby

Sowohl für lange als auch für kurze Strecken kann Zugfahren mit Baby eine gute Alternative zum Auto sein: Die Eltern haben so die volle Aufmerksamkeit fürs Baby statt für den Verkehr, das Baby ist nicht stundenlang angeschnallt, und vor allem zwischen großen Städten ist die Fahrt oft kürzer als mit dem Auto. Die Bahn ist gut auf kleine Passagiere vorbereitet: Es gibt spezielle **Kleinkindabteile,** in die auch ein Kinderwagen passt. Im IC sind sie eher einfach gehalten, im ICE gibt es teilweise richtige kleine Spielzimmer. Da vor allem am Wochenende und zu Ferienbeginn der Andrang sehr groß ist, lohnt eine Online-Reservierung im Vorfeld.

Flugreisen

Immer häufiger brechen junge Eltern mit ihrem Baby auch mit dem Flugzeug auf. Aus medizinischer Sicht spricht nichts dagegen: Jedes gesunde Baby kann **ab dem 8. Lebenstag** fliegen. Trotzdem raten Ärzte und Hebammen, zumindest das Ende des Wochenbetts abzuwarten – schließlich bedeutet eine weite Reise mit einem Neugeborenen auch für frischgebackene Eltern Stress. Die meisten Airlines sind heute gut auf kleine Fluggäste eingestellt und haben spezielle Babywannen, in denen Babys während des Fluges wie in einem Bettchen liegen. Eine andere Möglichkeit ist es, das Baby in der Babyschale fürs Auto zu haben – vorausgesetzt, sie passt ins Flugzeug. Manchmal sitzen die Babys auch angeschnallt auf Mamas Schoß.

Checkliste ✔

Fliegen mit Baby

- ✔ Beim Starten und Landen brauchen Babys etwas zum Nuckeln, um den Druck auszugleichen: die Brust, das Fläschchen oder einen Schnuller.
- ✔ Unverzichtbarer Babybedarf muss unbedingt ins Handgepäck – ein Koffer kann schließlich auch mal verschwinden.
- ✔ An Jäckchen, warme Söckchen und eine Decke denken: Im Flugzeug ist es oft kühler als draußen.

JETZT GIBT'S WAS AUF DEN TELLER

Wenn ein Baby die Eltern fasziniert beim Essen beobachtet, selbst versucht, etwas davon zu erhaschen, und neugierig an Brötchenhälften und Bananenstückchen herumlutscht, ist der Zeitpunkt gekommen, den Speiseplan zu erweitern: Jetzt kommt zur Milch die Beikost dazu.

BEIKOSTSTART MIT BREI UND FINGERFOOD

Um ins Zeitalter der festen Nahrung zu starten, gibt's zwei Möglichkeiten: Entweder, die Eltern füttern dem Baby ganz klassisch Brei. Oder sie lassen es mit Fingerfood selbst die Führung übernehmen. Dabei ist kein Weg besser als der andere: Es ist schlicht eine Typfrage, womit sich das Baby und die Eltern wohler fühlen.

Ganz klassisch Brei füttern

Brei füttern ist bei den ersten Versuchen eine Angelegenheit, nach der Eltern und Kind meist möhrenverschmiert dasitzen, während im Mund höchstens drei Löffel gelandet sind. Können Eltern darüber mitlachen, lernen Babys gleich, dass Essen eine fröhliche Angelegenheit ist. Und ein Abenteuer – für die Eltern ebenso wie für das Baby. Wie viel muss unser Baby essen? Was tun, wenn es nicht schmeckt? Damit **das große Abenteuer** für alle Beteiligten vergnüglich abläuft, ist es wichtig, besonders genau auf die **Signale des Babys** zu achten: Dreht es den Kopf weg oder presst es die Lippen aufeinander, ist es gerade nicht bereit für (mehr) Brei. Dann bitte sofort aufhören und nicht weiterfüttern! Schiebt das Baby den Brei mit der Zunge wieder aus dem Mund, liegt das an einem Reflex, der es vor zu früher Beikost oder vor Beikost in zu großer Menge schützt. Deshalb: Den Brei nie mit dem Löffel zurückschieben und die Mahlzeit sofort beenden!

Checkliste

Wann ist ein Baby reif für den ersten Brei?

Früher wurde Eltern oft geraten, in einem bestimmten festgelegten Alter mit dem Füttern zu beginnen. Heute weiß man: Das passt nicht für alle.

- Babys, die früh dran sind, interessieren sich **schon mit vier Monaten** für feste Nahrung.
- Die meisten Babys sind **mit fünf bis sieben Monaten** neugierig auf Essen.
- Manche Babys entwickeln auch **erst mit acht Monaten oder noch später** Interesse an der Beikost.

Ob ihr Baby schon bereit für die ersten Versuche mit dem Brei ist, erkennen Eltern an diesen Zeichen:

- Das Baby zeigt Interesse am Essen. Es guckt ganz gierig auf die Teller der Großen, rudert mit den Armen und versucht, mit seinen Händen nach den Lebensmitteln zu greifen.
- Das Baby macht Kaubewegungen, wenn die Eltern essen.
- Das Baby kann auf dem Schoß eines Erwachsenen mit Unterstützung aufrecht sitzen und seinen Kopf selbst halten.
- Es zeigt ein anhaltend gesteigertes Stillbedürfnis, das sich nicht durch einen Wachstumsschub, Zahnen, eine Krankheit oder andere äußere Einflüsse erklären lässt.
- Es lutscht glücklich und ausdauernd an Reiswaffeln, Brotrinden und angebotenen Obststücken.
- Probierportionen Kartoffelpüree, Gemüsecremesuppe oder Risotto von Papas Teller findet es offensichtlich lecker.
- Der Zungenstreckreflex, mit dem das Baby festere Nahrung sofort wieder aus dem Mund schiebt, ist weitestgehend weg.

Die Milch ergänzen, nicht ersetzen!

Viele Eltern glauben irrtümlich, dass spätestens ab dem sechsten Monat der Brei die Führung in der Babyernährung übernimmt. Und setzen sich und ihr Kind damit ganz unnötig unter Druck. Denn »Bei-Kost« bedeutet: Man fügt der bisherigen Ernährung etwas bei – feste Nahrung nämlich. Wäre sie dazu da, die Milch komplett zu ersetzen, müsste sie »Anstatt-Kost« heißen. Konkret heißt das: Muttermilch bzw. Pre-Milch bleibt das wichtigste Lebensmittel im gesamten ersten Lebensjahr. Feste Nahrung stellt im zweiten Lebenshalbjahr lediglich eine Ergänzung dar, die nur allmählich an Bedeutung gewinnt. Das ist nicht nur deswegen sinnvoll, weil das Baby so ganz ohne Zeitdruck die neuen Geschmacksrichtungen kennen- und lieben lernen darf. Sondern auch, weil es sich so langsam daran gewöhnen kann, wie die Großen zu essen.

Was darf unser Baby essen?

Bis vor Kurzem lasen sich die offiziellen Beikost-Empfehlungen in Deutschland ausgesprochen unentspannt: Man musste mit Möhren- oder Pastinakenbrei beginnen, daraufhin mit Kartoffeln, Rindfleisch, Obst und Getreideprodukten in festgelegten Abständen weitermachen und eine lange Liste von Lebensmitteln, darunter Eier, Fisch und Kuhmilch, im ersten Jahr komplett meiden. Die Folge: Die Babyspeisepläne fielen in vielen Familien meist recht monoton und einseitig aus. Aus Angst, Fehler zu machen, griffen Mütter häufig zu Gläschenbreien, anstatt selbst für ihr Baby zu kochen. 2010 wurden die Ernährungs-Leitlinien dann grundlegend überarbeitet: Anstatt aus Angst vor Allergien den Speiseplan im ersten Jahr drastisch einzuschränken, setzen Ernährungsexperten nun darauf, den Körper in kleinen Mengen bereits früh an ganz verschiedene Nahrungsmittel zu gewöhnen.

Die Empfehlungen im Einzelnen:

- Mindestens vier bis sechs Monate voll stillen und begleitend zur Beikost weiterstillen ist als Allergieschutz optimal.

- Ab dem fünften Monat dürfen Babys Probierportionen (!) bekommen.

- Babys dürfen im ersten Lebensjahr die gesamte Palette frischer, gesunder Lebensmittel kennenlernen – also alle Obst- und Gemüsesorten ebenso wie Fleisch, Fisch und Ei sowie Reis, Nudeln, Grieß und Brot.

- Babys, die zwischen dem fünften und dem siebten Lebensmonat mit Getreideprodukten aus Weizen, Roggen, Hafer oder Gerste in Verbindung kommen, entwickeln seltener eine Glutenunverträglichkeit. Dafür genügt es schon, ein Baby an einem Brötchen nuckeln zu lassen!

Nach wie vor tabu sind:

- Fertigprodukte mit Geschmacksverstärkern und vielen ungesunden Fetten wie etwa Tiefkühlpizza.

- Gezuckerte Lebensmittel wie Eis, Kuchen oder fertiger Fruchtjoghurt. Achtung: Auch viele speziell für Babys angebotene Produkte sind ungesund süß, auch wenn »kristallzuckerfrei« draufsteht. In Pudding, süßem Brei, Folgemilch und Babykeksen versteckt Zucker sich hinter den Namen Glukosesirup, Lactose (Milchzucker), Fructose (Fruchtzucker), Maltose (Malzzucker), Traubenzucker (Dextrose) oder Maltodextrin.

- Stark gesalzene Lebensmittel wie etwa Pommes frites, aber auch viele Soßen. Breie sollten grundsätzlich nicht gesalzen sein – eine in Salzwasser gekochte Nudel vom Teller ist aber ok.

- Honig vor dem ersten Geburtstag, weil er zu einer seltenen, aber sehr gefährlichen Krankheit, dem Säuglingsbotulismus, führen kann!

Info

Alles Bio oder was?

In der Frage, ob Babys möglichst nur mit Bioprodukten ernährt werden sollten, sind sich selbst Ernährungsexperten uneinig. Denn:

- Wer Biolebensmittel kauft, unterstützt damit zweifellos eine umweltfreundliche, nachhaltige Landwirtschaft und bekommt dafür hochwertigere, mit weniger Schadstoffen belastete Lebensmittel.
- Durch die Biokonkurrenz sowie strengere Gesetze wurden aber auch in der konventionellen Landwirtschaft die Schadstoffmengen gesenkt, so dass einzelne Produkte vom Schadstoffgehalt her nicht mehr zu unterscheiden sind.

Besonders wichtig ist der Kauf von Bioprodukten bei ...

- südländischem Obst und Gemüse. Am stärksten mit Schadstoffen belastet sind Trauben und Paprika aus konventionellem Anbau; Pfirsiche und Nektarinen sowie Salatgurken sind ebenfalls bedenklich stark gespritzt.
- Wurzelgemüsen wie Kartoffeln, Möhren, Pastinaken und Roten Beten.
- Mandarinen und Bananen, weil die ungesunden Chemikalien bei ihnen auf der Schale sind und so beim Schälen an die Hände und von dort leicht zum Baby kommen.

Kaum Unterschiede in der Schadstoffbelastung gibt es hingegen bei ...

- Milch und Milchprodukten
- Fleisch

Wichtig: »Bio« allein bedeutet nicht, dass ein Produkt automatisch gesund ist: Biofertigpizza, gezuckerte Bio-Cornflakes oder Bio-Schoko-Bananen-Brei sind für Babys genauso wenig geeignet wie dieselben Produkte aus konventioneller Herstellung.

DER ERSTE BREI

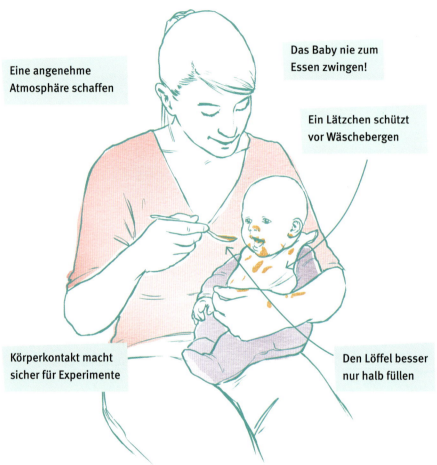

Eine angenehme Atmosphäre schaffen

Das Baby nie zum Essen zwingen!

Ein Lätzchen schützt vor Wäschebergen

Körperkontakt macht sicher für Experimente

Den Löffel besser nur halb füllen

Weicher Brei ist in seiner Konsistenz der vertrauten Milch ähnlich, das Baby kann ihn im Mund mit der Zunge hin und her schieben und leicht schlucken. Dass ein Baby allerdings wie ein hungriges Vögelchen im Sekundentakt den Schnabel aufsperrt und Löffel um Löffel darin verschwindet, gibt es eigentlich nur in der Fernsehwerbung. In der Realität ist es ganz normal, dass die erste Breimahlzeit nach ein bis zwei Löffeln beendet ist und dass sich diese Menge nur langsam steigert.

Gläschen oder selbst gekocht?

Sowohl mit selbst gemachtem als auch mit fertig gekauftem Brei können Eltern ihr Baby gesund ernähren. Trotzdem tut es allen Babys gut, zumindest teilweise selbst gemachten Brei zu bekommen – einfach, um den Geschmack frischer Lebensmittel kennenzulernen.

Brei selbst kochen

Die wichtigste Anschaffung für einen Haushalt mit Erstesser ist, falls nicht schon vorhanden, **ein Pürierstab.** Weich gedünstetes Gemüse, Obst und sogar Fleisch lässt sich mit diesem Gerät so zerkleinern, dass ein weicher Brei entsteht, den Babys leicht essen, schlucken und verdauen können. Wichtig ist natürlich, bei den verwendeten Nahrungsmitteln auf Qualität zu achten, damit die Babynahrung so unbelastet wie möglich ist. Daher vor allem hochwertige, möglichst **schadstoffarme (Bio-)Lebensmittel** kaufen. Karotten, Blumenkohl, Erbsen, Fenchel, Brokkoli, Kohlrabi, Kürbis, Zucchini und Pastinake sind super geeignet für erste Breimahlzeiten, später kommen Kartoffeln, Nudeln oder Reis sowie Fleisch oder Fisch dazu. Eine Anleitung, wie Sie Brei selbst zubereiten können, gibt's auf Seite 127.

Gläschen kaufen

Wenn wenig Zeit ist, das Kochen in Stress ausartet oder sowieso jedes Löffelchen empört zurückgewiesen wird, greifen viele Mütter zum Gläschenbrei. Folgende Kriterien helfen bei der Auswahl:

- Möglichst Biogläschen nehmen.

- Maximal vier Zutaten statt wilder Mischungen.

- Keine gesalzenen oder gewürzten Breie kaufen.

- Auf der Zutatenliste nach versteckten Zuckern (Seite 122) gucken und solche Gläschen meiden.
- Nüsse, Schokolade und Aromen haben in Babybrei nichts zu suchen.
- Auf der Zutatenliste nachsehen, ob schon Rapsöl beigefügt ist. Sonst: Vor dem Füttern zwei Teelöffel dazugeben.

Fingerfood: Der etwas andere Beikoststart

Dem Baby den Beikoststart selbst überlassen: Das ist die Grundidee des »Baby Led Weaning«, bei dem das Baby feste Nahrung in Form handlich zurechtgemachten Fingerfoods kennenlernt, das es sich selbst in den Mund steckt. Viele Eltern kommen zum Fingerfood, weil sie bei ihrem Baby mit dem Breilöffel hartnäckig abgeblitzt sind. Andere entscheiden sich dafür, weil sie es sich für ihr Kind schlicht netter vorstellen, gleich selbst essen zu dürfen.

Fingerfood lädt zum Entdecken ein: befühlen, in den Mund stecken, ablecken, anknabbern. Dazu bietet man dem Baby eine kleine Auswahl von Lebensmitteln an, es entscheidet selbst, was es davon probieren möchte. Geeignet sind Nudeln, Reis und gedünstetes Gemüse. Hartnäckige Breiverweigerer kriegen mit Brötchen-Nuckeln und Banane-Lutschen oft die Kurve zum Beikoststart!

Brei gehört nicht ins Fläschchen!

Ein Baby Löffel für Löffel mit Brei zu füttern, erfordert Geduld. Doch Kinderärzte und Ernährungsexperten raten dringend davon ab, Brei stattdessen mit Breisaugern aus der Flasche zu geben. Für Babys ist es ein wichtiger Entwicklungsschritt, das Essen festerer Nahrung zu lernen. Breie zum Trinken sind dafür eher schädlich als nützlich.

ZUBEREITUNG VON GEMÜSEBREI

1 Geschälte, sorgfältig gesäuberte Zutaten (wie Möhren, Kartoffeln) klein schneiden. In wenig Wasser dünsten, damit die Vitamine erhalten bleiben.

2 Gemüse samt Garflüssigkeit zu feinem Brei pürieren. Etwas Rapsöl zugeben – und je nach Breisorte eventuell ein Schlückchen Obstsaft.

3 Brei abkühlen lassen, dann servieren und genießen.

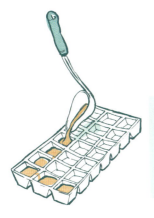

Zum Einfrieren von Brei eignen sich die kleinen Plastikbecher, die eigentlich fürs Aufbewahren von Muttermilch verkauft werden. Oder Eiswürfelbehälter, damit man die Minimengen für die ersten Mahlzeiten einzeln auftauen kann.

Kleine Marmeladengläser randvoll mit heißem Brei füllen, Deckel drauf, abkühlen lassen. Halten eine Woche im Kühlschrank.

Jetzt gibt's was auf den Teller

WENN EIN BABY NICHT ESSEN WILL

Zwischen dem fünften und dem siebten Lebensmonat, so empfehlen es Ernährungsexperten, soll es losgehen mit der festen Kost. Doch was, wenn sich das Baby nicht an diesen Fahrplan hält? Es gibt Familien, in denen jeder neue Brei-Versuch in Tränen endet. Sich selbst und ihr Baby so unter Druck zu setzen, sollten Eltern unbedingt vermeiden.

Keine Angst um Wenigesser

»Aber es kann doch allein von Milch nicht mehr satt werden!«, sorgen sich viele Eltern. Und unterschätzen dabei, dass Babys ihren Energiebedarf bis zum ersten Geburtstag hauptsächlich über regelmäßige Milchmahlzeiten decken. Ein Baby, das 100 Gramm Möhrenbrei isst, nimmt dabei gerade mal 27 Kilokalorien zu sich, futtert es 100 Gramm Gemüse-Fleisch-Brei, sind es gut 50 Kilokalorien. Zum Vergleich: 100 Gramm Muttermilch enthalten 71 Kilokalorien, und bei einer ausführlichen Stillmahlzeit trinkt ein Baby locker 250 Gramm! Beikost brauchen Babys also nicht primär zum Sattwerden, sondern vor allem, um neue Geschmacksrichtungen kennenzulernen. **Eltern müssen sich also bis zum ersten Geburtstag und darüber hinaus nicht sorgen,** dass ihr Baby an der Brust oder mit der Flasche zu wenige Kalorien bekommt. Einzig den **Eisenspiegel** sollten sie im Auge behalten, wenn das Baby auch nach dem siebten Lebensmonat nicht isst.

Tipp

Tipps zum Umgang mit kleinen Beikostverweigerern

Interesse an Beikost entwickeln Babys nicht aus Hunger, sondern aus Forscherdrang: Sie wollen einfach wissen, wie es sich anfühlt, die neue Nahrung zu schmecken, zu kauen und zu schlucken. **Diese Entdeckerfreude können Eltern unterstützen, indem sie ...**

- ihre eigenen Mahlzeiten zusammen mit dem Baby einnehmen und es vom eigenen Teller probieren lassen.
- das Baby an Reiswaffeln oder Brotstücken lutschen lassen.
- selbst Freude am Essen zeigen (»Mmmh, das schmeckt mir aber gut ... willst du mal kosten?«).
- dem Baby erlauben, Lebensmittel mit allen Sinnen zu erfahren, also auch mal mit dem Brei auf einer Wachstischdecke herumzumatschen.

Vermeiden sollten Eltern alle Tricks, mit denen man ein Kind gegen seinen Willen zum Essen bewegt, vor allem:

- **Ablenken:** Ein Bilderbuch vorlesen und in den vor Staunen geöffneten Mund schnell einen Löffel Brei stecken ist keine gute Idee. Um gesunde Essgewohnheiten zu entwickeln, ist es wichtig, dass das Baby von Anfang an mitbekommt, was und wie viel es isst.
- **Bestechen:** Dem Baby ein Geschenk oder eine Belohnung zu versprechen, wenn es etwas isst, setzt unnötig unter Druck – wenn das Baby den Deal überhaupt versteht.
- **Erpressen:** Dem Baby einfach seine Milch zu verweigern, um es so zum Essen zu bewegen, ist besonders fies. Und unlogisch: Untersuchungen belegen, dass Babys mit Milch im Bauch viel entdeckungsfreudiger sind und sich leichter auf Neues einlassen.

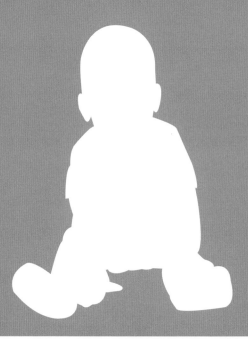

TOLL, WAS DU SCHON KANNST!

Vom zarten Neugeborenen zum fröhlichen Kleinkind: Das erste Lebensjahr ist eine Zeit unglaublicher Entwicklungsschritte. Jedes Baby folgt dabei seinem eigenen Zeitplan. Das klappt am besten, wenn Eltern ihr Baby dabei unterstützen, das zu lernen, wofür es sich gerade interessiert.

SO ENTWICKELT SICH EIN BABY

Von Geburt an sind Kinder kleine Persönlichkeiten mit ganz individuellen Talenten und Interessen. Selbstbewusste Eltern lassen sich deshalb erst gar nicht auf den beliebten Krabbelgruppen-Sport des Babyvergleichens ein, sondern vertrauen darauf, dass ihr Kind in seinem eigenen Tempo und auf seine eigene Art zu dem Menschen heranreift, der es werden soll.

Eine Frage der Kultur

Wovon hängt es ab, wann ein Kind krabbelt, läuft oder spricht? Bis vor Kurzem gingen Wissenschaftler davon aus, dass Babys dabei überall auf der Welt einem ähnlichen Entwicklungsplan folgen – natürlich mit individuellen Abweichungen. Heute ist bekannt: Wie sich kleine Kinder entwickeln, ist nicht nur eine Frage ihrer Veranlagung, sondern auch der Kultur, in der sie groß werden. So konnten Kulturanthrophologen nachweisen, dass Babys in afrikanischen Bauernfamilien gegenüber deutschen Babys ihr Köpfchen früher selbst halten können. Der Grund: Sie werden praktisch immer am Körper getragen, wodurch sie viel Gelegenheit haben, ihre Kopfkontrolle zu üben. Auch andere Entwicklungsschritte sind stark kulturell geprägt. Die folgende Entwicklungsübersicht dient deshalb auch nur zur groben Orientierung. Abweichungen davon sind kein Grund zur Sorge, da Kinder sich in ganz unterschiedlichem Tempo entwickeln.

DAS LERNT UNSER BABY IM 1. JAHR

Das Alter	Die Bewegung	Das Miteinander	Die Elternaufgaben
1. Monat	Ist noch von Reflexen bestimmt: Das Baby greift nach dem Finger der Eltern und macht manchmal Robb-Bewegungen, wenn man es flach auf den Bauch legt. Weil es seinen Kopf nicht selbst halten kann, muss dieser stets mit einer Hand gestützt werden.	Das Baby sucht den Blickkontakt mit den Eltern und kommuniziert durch verschiedene Gesichtsausdrücke sowie Weinen. Es reagiert auf die Stimme der Eltern und versucht, ihre Mimik zu imitieren. Aber: Es kann nur ca. 20 cm weit scharf sehen.	Dem Kleinen Halt geben und ihm beim Ankommen helfen. Neugeborene brauchen in erster Linie den engen Körperkontakt beim Kuscheln, Stillen und Tragen. Kleine »Zwiegespräche« von Gesicht zu Gesicht tun Babys jetzt gut.
2. Monat	Das Baby lernt, seinen Kopf in Bauchlage für kurze Zeit selbst zu halten.	Das Baby lächelt zum ersten Mal bewusst. Es wird aktiver und beginnt, mit den Armen zu rudern und mit den Beinen zu strampeln. Es kann nun langsame Handbewegungen mit den Augen verfolgen und beobachtet gespannt, was die Eltern im Alltag machen.	In wachen Phasen begeistern sich Babys nun schon für einfache Fingerspiele, zu denen das immer gleiche Lied gesungen wird. Lächelt das Baby, heißt das: Weitermachen! Dreht es den Kopf zur Seite oder guckt glasig, hat es genug.

3. Monat

Jetzt beginnt das Greifen-Üben. Dabei fassen die meisten Babys erst mal ins Leere, bis die Auge-Hand-Koordination so weit ausgereift ist, dass sie das Spielzeug erwischen.

Das Baby erweitert seine Charme-Palette: Es kann nun glucksend lachen, wenn es gekitzelt wird, und gurrt zufrieden, wenn es ihm gut geht. Wenn es sich freut, rudert es aufgeregt mit den Ärmchen.

Auch wenn Babys auf dem Rücken schlafen sollen: Dass sie tagsüber möglichst oft auf dem Bauch liegen, ist für ihre Entwicklung wichtig. Manchen hilft dabei eine Handtuchrolle unterm Brustkorb.

4. Monat

Am Ende des vierten Monats können sich die meisten Babys aus der Rückenlage auf die Seite rollen – manche drehen sich sogar schon auf den Bauch. Sie können ihren Kopf nun schon sicher halten.

Das Baby kann nun weiter gucken und verfolgt die Eltern mit Blicken, wenn sie durch den Raum gehen. Es kann juchzend lachen, aber auch richtig wütend werden.

Wenn Eltern darauf Lust haben, ist nun ein guter Zeitpunkt, um mit einem Babymassage- oder Babyschwimmkurs zu beginnen.

5. Monat

Jetzt wandert alles von der Hand in den Mund. Außerdem wird Drehen geübt. Manche Babys versuchen jetzt außerdem schon, sich mit den Knien und Ellbogen aufzustützen.

Das Baby unternimmt allererste Sprechversuche – vornehmlich in Vokalen: »Aaaaah! Oh-oh! Uuuuuau-aua!« Das macht allein Spaß, aber auch mit Mama als Gegenüber.

Babys freuen sich nun sehr, wenn Eltern ihnen im Alltag Gegenstände zum »Mit-Hantieren« geben: einen Kochlöffel in der Küche, eine Zahnbürste im Bad.

DAS LERNT UNSER BABY IM 1. JAHR

Das Alter	Die Bewegung	Das Miteinander	Die Elternaufgaben
6. Monat	Nun heben Babys auch in Rückenlage kurz den Kopf, um sich etwas anzugucken. Außerdem können sie nun meist mit beiden Händen gezielt nach Spielsachen greifen.	Jetzt merken die Eltern, dass das Baby erste Worte versteht. Fragen sie »Wo ist der Papa? Wo sitzt Oma?«, guckt das Kind oft zur entsprechenden Person.	Das Baby versucht nun immer deutlicher zu zeigen, was es mag und was nicht. Es tut ihm gut, zu spüren, dass seine Botschaften ankommen. Zum Beispiel: Wenn ich meine Hände nach ihr ausstrecke, geht Mama nicht weg.
7. Monat	Jetzt entwickelt sich die Feinmotorik: Das Baby lernt, allein aus einer Henkeltasse zu trinken sowie Spielsachen mit nur einer Hand aufzuheben.	Das Baby beobachtet nun ganz besonders genau die Gefühlsregungen der Erwachsenen und erkennt Freude, Wut und Traurigkeit. Seine eigenen Lautäußerungen werden immer variantenreicher.	Jetzt entdecken Babys das Prinzip der »Objektpermanenz«: dass auch etwas, das man nicht mehr sieht, noch da ist. Deshalb haben sie nun so viel Spaß an »Kuckuck«-Spielen, bei denen die Eltern verschwinden, aber doch noch da sind.

So entwickelt sich ein Baby

8. Monat

Nun können sich fast alle Babys vom Rücken auf den Bauch und zurück drehen. Manche fangen an, sich fortzubewegen, und robben, krabbeln oder kullern durch die Wohnung – oft erst mal rückwärts.

Das »Fremdeln« beginnt: Anstatt instinktiv alle anzulächeln, unterscheiden die meisten Babys nun zwischen vertrauten und fremden Personen, vor denen sie sich scheu bei den Eltern verstecken.

Viele Eltern nehmen jetzt Entwicklungsschritte vorweg: Setzen das Baby hin, obwohl es das noch nicht selbst kann. Für die Entwicklung ist es aber besser, das Kind alles in seinem Tempo lernen zu lassen.

9. Monat

Die meisten Babys erobern nun rollend, krabbelnd oder kriechend die Wohnung und spielen gerne mit Schüsseln und Kisten, in die sie Spielsachen ein- und ausräumen können.

Das Baby versteht nun die wichtigsten Begriffe. Viele Eltern beobachten, dass ihr Baby Vorfreude entwickelt, sobald es ein bestimmtes Stichwort wie »Schaukeln« oder »Badewanne« hört.

Eltern können ihren Babys nun beibringen, zum Abschied zu winken und zu Liedern in die Hände zu klatschen. Manche Babys antworten auf Ja-Nein-Fragen mit Nicken bzw. Kopfschütteln.

10. Monat

Nun werden Babys immer fingerfertiger: Sie lernen, auch kleine Gegenstände gezielt mit Daumen und Zeigefinger aufzuheben. In diesem Alter üben außerdem viele Babys, sich hinzusetzen.

Die meisten Babys verstehen einfache Fragen wie »Wo ist deine Jacke?« und zeigen zur Antwort darauf. Sie hören aufmerksam zu, wenn die Eltern sprechen, und sprechen selbst in Doppelsilben: »Ba-ba-ba-da-da.«

Jetzt muss die babysichere Wohnung kleinkindsicher werden: Im Stehen erreicht ein Baby mit ausgestreckten Armen fast alles, was weniger als einen Meter vom Boden entfernt ist. Also Computer, Topfpflanzen und Co. sichern.

DAS LERNT UNSER BABY IM ERSTEN JAHR

Das Alter	Die Bewegung	Das Miteinander	Die Elternaufgaben
11. Monat	Jetzt streben Babys nach Höherem und ziehen sich in den Stand. Ganz Mutige wagen schon ein paar Schritte am Sofa entlang.	Babys lernen nun allmählich, den Zusammenhang zwischen eigenen und fremden Gefühlen herzustellen. Manche versuchen sogar schon zu trösten, wenn jemand traurig ist.	Eltern können ihr Kind jetzt besonders stolz machen, wenn sie es groß sein lassen – zum Beispiel, indem es beim Ausräumen der Waschmaschine helfen darf oder beim Einkäufe-Wegpacken.
12. Monat	Viele Babys machen um den ersten Geburtstag herum die ersten freien Schritte. Es ist jedoch auch kein Grund zur Sorge, wenn ein Kind erst mit 18 bis 20 Monaten frei laufen lernt.	Babys, die besonders früh dran sind mit der Sprachentwicklung, sagen erste verständlichen Worte wie »Mama«, »Papa«, »Bär« und »Ball«. Viele lassen sich damit aber auch noch fast ein Jahr Zeit. Trotzdem können fast alle mit einem energischen »Da!« und ausgestrecktem Zeigefinger sagen, was sie wollen.	Den Drang nach Selbstständigkeit unterstützen: Das Baby darf selbst in den Kinderwagen klettern, versuchen, aus dem Becher ohne Schnabel zu trinken, sich nach dem Baden allein eincremen, selbstständig essen lernen. Aber Vorsicht vor Überforderung – also nur unterstützen, was das Baby von allein probieren mag.

So entwickelt sich ein Baby

DAS KINDERSICHERE HAUS

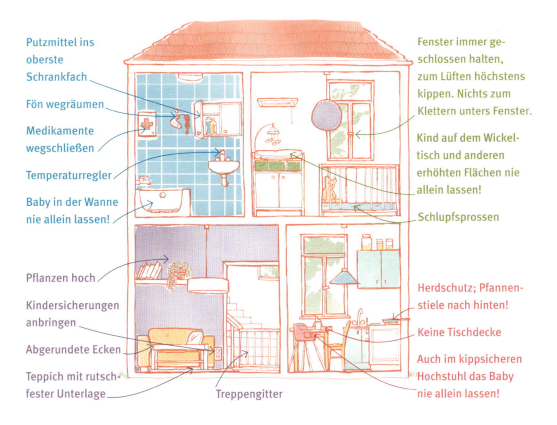

Putzmittel ins oberste Schrankfach

Fön wegräumen

Medikamente wegschließen

Temperaturregler

Baby in der Wanne nie allein lassen!

Pflanzen hoch

Kindersicherungen anbringen

Abgerundete Ecken

Teppich mit rutschfester Unterlage

Treppengitter

Fenster immer geschlossen halten, zum Lüften höchstens kippen. Nichts zum Klettern unters Fenster.

Kind auf dem Wickeltisch und anderen erhöhten Flächen nie allein lassen!

Schlupfsprossen

Herdschutz; Pfannenstiele nach hinten!

Keine Tischdecke

Auch im kippsicheren Hochstuhl das Baby nie allein lassen!

Stürze und Schrammen gehören zum Großwerden dazu. Damit keine schlimmen Unfälle passieren, ist aber wichtig, dass Eltern das Zuhause dem Entwicklungsstand ihres Kindes entsprechend sichern. Je nach Wohn- und Lebenssituation sind dafür unterschiedliche Maßnahmen sinnvoll. Die Sicherungen im Bild oben schützen vor den häufigsten häuslichen Verletzungen im Baby- und Kleinkindalter. Weitere Tipps zum Thema finden Eltern auf der Internetseite der Bundesarbeitsgemeinschaft Mehr Sicherheit für Kinder e.V., www.kindersicherheit.de

FÖRDERN

Alle Eltern wollen ihr Baby fit fürs Leben machen. Wie beruhigend ist es da, zu wissen: Auch ohne elterliche Spezialförderung ist ein Baby bereits perfekt darauf vorbereitet, innerhalb eines Jahres vom unselbstständigen Mini-Baby zum kecken Kleinkind zu werden.

Wie Babys lernen

Millionen Nervenzellen in seinem Gehirn warten nur darauf, alles aufzunehmen, was das Baby erlebt, und daraus zu lernen, was die Welt für ein Ort ist und was man hier zum Leben braucht. Jedes Mal, wenn ein Baby etwas Neues lernt, entstehen Verbindungen zwischen diesen Nervenzellen. Und je öfter es das Gelernte anwendet, desto stabiler werden diese. Um sich optimal entwickeln zu können, brauchen Babys also eine Atmosphäre, in der sie **Spaß am Lernen** und Ausprobieren haben und so ein dichtes Netz stabiler Nervenverbindungen in ihren Gehirnen aufbauen. Damit das klappt, müssen nach den Erkenntnissen moderner Hirnforschung zwei Grundbedürfnisse erfüllt sein: das nach **Nähe** und einer engen Bindung an die Eltern und das nach **Freiheit,** sich selbst und die Welt zu entdecken. Gute Förderung bedeutet, sich vom Baby zeigen zu lassen, was es gerade lernen möchte. Und es dann weder auszubremsen noch zu drängeln. Konkret heißt das, auch mal Chaos in den eigenen vier Wänden zu ertragen. Wer das nur schwer aushalten kann, weist dem Baby am besten eine eigene Matsch- und Chaosecke zu, in der (fast) alles erlaubt ist.

Wie können Eltern ihr Baby zu Hause fördern?

Die beste Förderung für ein Baby ist es, wenn die Großen es an ihrem Alltag teilhaben lassen. Wenn das Baby im Tragetuch beim Zähneputzen, Briefkastenleeren, Einkaufen, Kochen, Blumengießen und Freundetreffen dabei ist, erfährt sein Gehirn dabei viele wertvolle Impulse. Je älter das Baby wird, desto wichtiger wird es, das Baby mit allen Sinnen bei den alltäglichen Verrichtungen dabei sein zu lassen. Gerade **in der Küche** geht das gut: Das Baby darf den Salatkopf betasten, die Gurke unter den Wasserhahn halten, von allen Zutaten probieren, mit umrühren, an der Essigflasche schnuppern, seinen Löffel ins Wohnzimmer bringen – eine bessere Frühförderung gibt es nicht.

Beliebte Spiele für Krabbelkinder

- Die meisten Kinder lieben es, **Papier zu zerknüllen und durch den Raum zu werfen.** Nur Zeitung sollte es nicht sein. Die Druckerschwärze färbt ab, landet auf Babys Fingern und von dort im Mund. Besser geeignet ist die Brottüte vom Bäcker.

- **Fühlen, schmecken, entdecken.** Das geht schon mit fünf bis sechs Monaten. Eine feste Brotrinde, eine halbe Reiswaffel oder eine geschälte Möhre sind für Babys faszinierende Forschungsobjekte – bis sie verstanden haben, dass man diese interessanten Gegenstände auch essen kann.

- **Alle kleinen Teile wie Wäscheklammern, Nudeln oder Kaffeelöffel** ziehen Babys magisch an. Die Sachen von einer Schachtel in die andere zu sortieren macht großen Spaß (nur unter Elternaufsicht!).

FAQs zu Entwicklung und Förderung

Wie lernen Babys, auch mal allein zu spielen?

Manche können das von Anfang an: Sie betrachten ihre Hände, drehen sie hin und her und sind darin ganz versunken. Dann ist es für Eltern Zeit, sich zurückzunehmen und das Baby einfach machen zu lassen. So lernt es, dass es etwas Schönes und Gutes ist, sich mit sich selbst beschäftigen zu können. Andere Babys brauchen von Anfang an ein Gegenüber, um sich gut und sicher zu fühlen. Sie allein auf der Krabbeldecke liegen zu lassen, damit sie allein spielen lernen, bringt gar nichts. Denn: Wenn ein Baby sich unglücklich und verlassen fühlt, lernt es dadurch nicht, dass allein spielen zu können etwas Tolles ist. Besser: Mitspielen, sich dabei aber auch immer wieder mal so rausziehen, dass das Baby quasi allein spielt – nur eben in Begleitung.

Brauchen Babys Kontakt zu Gleichaltrigen, um sich gut zu entwickeln?

Unbedingt brauchen: nein. Aber genießen können auch schon die Kleinsten die Gesellschaft anderer Babys. Sie versuchen, sich gegenseitig anzulächeln, berühren sich vorsichtig, brabbeln sich was vor. Und kommen immer dieselben Babys regelmäßig in einer Krabbelgruppe zusammen, erkennen sich auch die Kinder nach kurzer Zeit tatsächlich wieder und können allererste soziale Beziehungen zueinander knüpfen.

Kann man Babys mit »Förderfernsehen« in ihrer Entwicklung unterstützen?

Nein. Selbst speziell für Babys entwickelte Formate, die angeblich schlau machen sollen, haben nachweislich keinen positiven Effekt – im Gegenteil. Der Wortschatz von Kleinkindern, die regelmäßig Baby-TV schauen, ist etwa 20 Prozent geringer als der von nicht fernsehenden Altersgenossen.

»English for Babies« – sind solche Frühförderkurse sinnvoll?

Es bestehen starke Zweifel, dass Babys in einer Kurssituation tatsächlich etwas über eine Fremdsprache lernen, da sie die fremden Begriffe nicht in Zusammenhang mit ihrer Alltagswelt bringen können. Fest steht: Hetzen Eltern von Kurs zu Kurs aus Angst, ihr Kind könne sonst später einen Wettbewerbsnachteil haben, tun sie ihrem Baby damit keinen Gefallen. Denn Druck und Stress lähmen die Fähigkeit des Gehirns, neue Informationen aufzunehmen und abzuspeichern. Umgekehrt schadet es natürlich auch nicht, wenn das Baby einen Kurs als fröhliche Krabbelgruppe erlebt, in der ab und zu **ein englisches Lied** gesungen wird.

Gibt es besonders empfehlenswerte Babykurse für Erst-Eltern?

Viele Eltern gehen vor allem deshalb in einen Babykurs, weil sie Kontakte knüpfen wollen zu anderen Familien in einer ähnlichen Lebenssituation. Dafür ist jeder Kurs geeignet, in dem sich Eltern und Baby wohlfühlen. Besonders empfehlenswert gerade auch für unsichere Eltern sind Kurse, bei denen der Schwerpunkt darauf liegt, das eigene Baby besser verstehen zu lernen. So werden etwa bei den »SpielRaum«-Kursen nach Emmi Pikler Eltern gezielt dazu aufgefordert, ihre Baby ganz genau zu beobachten und ihre individuellen Eigenschaften kennen- und lieben zu lernen (mehr Informationen unter www.pikler-spielraum.de). Weniger bekannt, aber ebenfalls empfehlenswert ist das Kurskonzept »AbenteuerKinderwelt«, bei dem vom Geburt an bis ins dritte Lebensjahr hinein die Entwicklung des Babys ganzheitlich gefördert und die Eltern-Kind-Beziehung gestärkt wird (www.abenteuerkinderwelt.de).

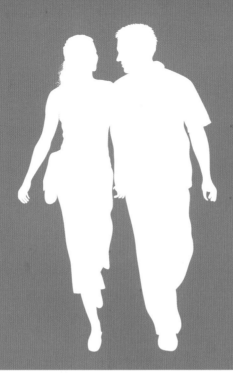

MAMA, PAPA, LIEBESPAAR

Elternsein ist wunderschön. Viele Paare können sich schon nach kurzer Zeit gar nicht mehr vorstellen, wie sie jemals ohne dieses kleine Wesen gelebt haben. Elternsein verändert das Leben und die Liebe – eine Chance für Paare, sich neu zu erfinden.

WIR SIND JETZT EIN PAAR MIT KIND

Gemeinsam ein Kind zu bekommen verbindet. Die geteilte Vorfreude in der Schwangerschaft. Seine Hand auf ihrem Bauch, wenn das Baby drinnen kickt. Zusammen die Geburt erleben. Und dann zu schauen: Was hat das Baby von dir, was von mir? Viele Paare betrachten ihr Baby als schönstes und sichtbarstes Zeichen ihrer Liebe zueinander – und zwar ganz egal, ob die Schwangerschaft geplant war oder nicht. Auf diese Liebe gut aufzupassen ist das größte Geschenk, das Eltern ihrem Baby machen können.

Sex im Babyjahr

Dass direkt nach der Geburt bei den meisten Paaren im Bett nichts läuft, ist völlig normal. Sowohl Mütter als auch Väter sind jetzt hormonell vor allem auf eins programmiert: Brutpflege. Doch keine Sorge: Das ändert sich wieder. So geben in einer aktuellen Untersuchung der Berliner Charité 90 Prozent aller befragten Mütter an, ein halbes Jahr nach der Geburt wieder regelmäßig schmerzfreien, lustvollen Sex mit ihrem Partner zu haben. Der Weg dahin ist manchmal ein bisschen holprig. Für Mütter, weil dafür die Wunden der Geburt verheilen müssen – auch die seelischen. Für Väter, weil auch sie die Geburt erst verarbeiten müssen und die Sorge überwinden, ihrer Partnerin wehzutun. Das erste Mal nach der Geburt fühlt sich deshalb für viele Paare wirklich noch mal wie ein »erstes Mal« an.

Verhütung im Babyjahr

Alle Paare, die nicht gleich das nächste Baby wollen, brauchen nach der Geburt ein sicheres Verhütungsmittel. Diese kommen in Frage:

Die Pille. Es gibt für stillende Mütter zugelassene Präparate, die sicher verhüten. Viele Frauen möchten aber trotzdem keine Hormone nehmen, die in die Muttermilch übergehen – auch wenn bisher keine nachteiligen Auswirkungen bekannt sind.

Das Kondom. Richtig angewendet schützt es zuverlässig vor Schwangerschaften. Zusätzlicher Vorteil: Es verhindert die Ansteckung mit Infektio-

Liebespaar bleiben: bewährte Strategien

- **Prioritäten setzen:** Zeit als Paar ist wichtiger als Zeit für den Haushalt. Wenn also abends das Baby mal schläft: Nicht bügeln, nicht staubsaugen, nicht die Einkaufsliste für morgen schreiben. Sondern: Sich zusammen aufs Sofa setzen. Kuscheln. Vom Tag erzählen. Ausruhen. Kraft tanken.

- **Neue Rituale finden:** An einem festen Abend in der Woche gibt's ein Candlelightdinner zu Hause. Es beginnt um sieben oder um zehn, je nachdem, wann das Baby eben schläft. Das Essen wird nach Hause bestellt, dazu ein Glas alkoholfreier Sekt, danach einen schönen Film auf DVD.

- **Paar mit Kind:** Auch Zeit zu dritt kann Paar-Zeit sein. Mit Baby im Tragetuch kann man wunderbar Hand in Hand spazieren gehen. Schläft das Baby mit im großen Bett, kann man es immer noch an den Rand schieben und kuscheln. Und auch beim gemeinsamen Babybaden und -wickeln können Paare sich unterhalten und sich nah sein.

nen. Da es in Kontakt mit Öl schnell porös wird, besser auf ein wasserlösliches Gleitmittel zurückgreifen.

Das Diaphragma. Muss vom Frauenarzt exakt angepasst werden, wird dann vor dem Geschlechtsverkehr eingeführt und muss danach mindestens acht Stunden drin bleiben. Schützt selbst in Kombination mit spermienabtötender Creme nicht so zuverlässig wie Pille oder Kondom.

Die Dreimonatsspritze. Schützt für drei Monate zuverlässig vor Schwangerschaften, geht allerdings oft mit heftigen Nebenwirkungen einher – dazu gehören unter anderem sexuelle Unlust und Neigung zu depressiven Verstimmungen.

Die Spirale. Kann drei bis fünf Jahre in der Gebärmutter verbleiben und verhütet zuverlässig. Allerdings geht sie oft mit unangenehmen Nebenwirkungen einher und kann das Entstehen von Entzündungen in der Gebärmutter begünstigen.

NFP (Natürliche Familienplanung). Diese Methode basiert darauf, dass das Paar die unfruchtbaren Tage im Zyklus erkennt und nur an diesen ungeschützten Sex hat – und an den fruchtbaren ein Kondom verwendet. Routinierte NFP-lerinnen erreichen einen ähnlich sicheren Schutz vor Schwangerschaften wie Frauen, die die Pille nehmen. In der Trainingsphase ist die Fehlerquote aber hoch.

Fruchtbarkeitscomputer. Er bestimmt ähnlich wie die NFP die fruchtbaren und die unfruchtbaren Tage. Viele Paare nutzen ihn nicht nur zur – einigermaßen sicheren – Verhütung, sondern danach auch, um an den fruchtbaren Tagen ganz gezielt das nächste Baby auf den Weg zu bringen.

Stillen. Auch Stillen hat empfängnisverhütende Wirkung. Viele Mütter bekommen ihre Regel erst wieder, wenn die Stillabstände größer werden, weil das Baby zu essen beginnt. Trotzdem schützt Stillen nicht zuverlässig davor, wieder schwanger zu werden!

FAQs zur Sexualität nach der Geburt

Wie lange sollen wir nach der Geburt warten, bevor wir wieder miteinander schlafen?

Eine feste Regel gibt es da nicht. Aus medizinischer Sicht spricht nichts dagegen, bereits im Wochenbett wieder intim zu werden – solange das Paar Kondome verwendet. Viele Eltern haben allerdings in den ersten Wochen nach der Geburt noch kein Bedürfnis nach Sex und schlafen erst nach ein paar Monaten wieder miteinander.

Stört es beim Sex, dass die Vagina durch die Geburt so geweitet wurde?

Das befürchten viele Eltern – ganz zu Unrecht. Denn die Vagina dehnt sich zwar tatsächlich während der Geburt sehr stark, bildet sich aber auch in Rekordgeschwindigkeit wieder zurück. Nach sechs Wochen besteht aus biologischer Sicht kein Unterschied mehr zwischen der Vagina einer jungen Mutter und einer Frau, die noch nie geboren hat.

Ist es ganz normal, dass das erste Mal nach der Geburt wehtut?

Nein. Schmerzen beim Sex sind nie normal und sollten deshalb auch nie ignoriert werden. Also: Tut etwas weh, sofort aufhören und entweder anders weitermachen oder es ganz bleiben lassen. Und dann einen Termin beim Gynäkologen vereinbaren. Stellt der fest, dass körperlich alles in Ordnung ist, gibt es zwei Hauptgründe für Schmerzen beim Sex: Verkrampfen vor Angst, es könnte wehtun, oder eine durch die Hormonveränderung vorübergehend zu trockene Vagina. Gegen Erstes helfen Geduld, Zeit und Zärtlichkeit, gegen Zweites Gleitgel. Aber Achtung: In Kombination mit

Kondomen immer nur Gleitmittel auf Wasserbasis verwenden, ölhaltige Mittel machen das Plastik durchlässig.

Dauert es nach einem Kaiserschnitt länger, bis das Sexleben wieder so ist wie früher?

Häufig ja. Der Grund: Die Operationsnarbe nach einem Kaiserschnitt ist meist im gesamten ersten Jahr nach der Geburt noch extrem berührungsempfindlich, so dass beispielsweise Sex in der Missionarsstellung oft als unangenehm empfunden wird. Besser: Stellungen wählen, bei denen die Bauchnarbe nicht so stark beansprucht wird, wie etwa die **Reiterstellung.**

Ist es schlecht fürs Liebesleben, wenn das Baby im Elternbett schläft?

Nein, häufig stimmt sogar das Gegenteil: Weil die Eltern nachts nicht so oft aufstehen müssen, um das Baby zu füttern und zu beruhigen, sind sie tagsüber ausgeschlafener und haben abends mehr Lust auf Zärtlichkeit. Eltern weichen allerdings, während das Baby bei ihnen im Bett schläft, zum Sex auf andere Orte aus – Sofa, Gästebett, Küchentisch und so weiter. Nötig ist das aber nicht: Einem schlafenden Baby ist es völlig egal, was seine Eltern nebenan im Bett machen. Anders sieht es aus, wenn Eltern sich nicht gerne fürs Familienbett entschieden haben, sondern ihr Baby nur zähneknirschend im Elternbett dulden: Der Frust darüber kann sich natürlich auch negativ aufs Liebesleben auswirken.

Haben Eltern weniger Sex als kinderlose Paare?

Nein. Zwar schlafen Paare im Babyjahr im Schnitt etwas seltener miteinander. Auf lange Sicht schlafen Eltern statistisch gesehen sogar häufiger miteinander und beschreiben ihren Sex als lustvoller als Paare ohne Kinder.

ENDLICH MAMA!

In der Schwangerschaft war jedes sichtbare Zeichen der Veränderung hochwillkommen: Guck mal, mein Bauch wächst schon! Jetzt sieht das anders aus: Nach der Geburt ist vielen Müttern ihr Körper seltsam fremd. Der erste bange Blick in den Spiegel offenbart: Allem Ölen und Cremen zum Trotz haben die vergangenen Monate sichtbare Spuren hinterlassen. Doch keine Sorge: Die verblassen mit der Zeit.

Zurück zur alten Form

Eben noch spannte der Bauch als pralle Kugel unter dem Pullover. Nun ist davon nur noch eine seltsam schlaffe Hautfalte übrig, womöglich von dunkelroten Streifen überzogen. Ein gewöhnungsbedürftiger Anblick, der die berechtigte Frage aufwirft: Bleibt das jetzt etwa so?

Ehrliche Antwort: Nein, aber an der alten Hebammenweisheit, dass der Bauch neun Monate kommt und neun Monate geht, ist schon etwas dran. Will sagen: So schnell, wie die meisten Mütter gerne wieder in ihrer alten Form wären, geht es nicht. Der Grund: Der Körper hat während der Schwangerschaft extra Fettreserven für die bevorstehende Stillzeit angelegt. Der beste Umgang damit ist eine Doppelstrategie: Einerseits versuchen, zu akzeptieren, dass der Körper nun mal anders aussieht als der einer Frau, die nie geboren hat. Und sich mit diesem neuen Körper anfreunden. Schließlich hat er ein Kind in sich getragen und geboren! Und andererseits sanft darauf hinwirken, dass die Schwangerschaftspfunde im ersten Lebensjahr des Babys langsam schmelzen und sich der Körper von den Belastungen der vergangenen Monate erholt. Am besten funktioniert das mit einer Kombination aus Bewegung, gesunder Ernährung und Stillen.

Rückbildungsgymnastik

Um zur alten Form zurückzufinden, ist regelmäßige Rückbildungsgymnastik wichtig. Am besten in Form eines Kurses – da trifft man gleich andere Mütter. Ist die vorbei, ist ein Sportkurs extra für Mütter sinnvoll, bei dem besonders auch auf **Beckenbodentraining** Wert gelegt wird – wird von vielen Hebammenpraxen und Geburtshäusern, aber auch in Fitnessstudios angeboten. Von Diäten in der Stillzeit raten Experten dringend ab: Schadstoffe aus der Umwelt, die sich im Fettgewebe ablagern, könnten sonst in übergroßen Mengen in die Muttermilch und damit zum Baby gelangen. Umgekehrt hilft eine ausgewogene, gesunde Ernährung stillenden Müttern durchaus beim langsamen Abnehmen: Etwa 300 Kilokalorien zusätzlich sollten sie während des Vollstillens zu sich nehmen, aber nicht mehr – dann gehen die überschüssigen Schwangerschaftspfunde tatsächlich in die Milch.

Schwangerschaftsstreifen

Und die elenden Schwangerschaftsstreifen, die sich allem fleißigen Cremen zum Trotz gebildet haben? Sie verlieren in den Monaten nach der Geburt allmählich ihre dunkelrote Farbe und werden immer heller und dünner, bis sie schließlich fast durchsichtig sind und man schon sehr genau hinschauen muss, um sie noch zu erkennen. Aber wer mit der Hand vorsichtig darüberstreicht, kann fühlen, dass die Haut hier ein kleines bisschen dünner ist: ein letztes kleines Zeichen, das darauf verweist, was dieser Körper schon Großartiges geleistet hat.

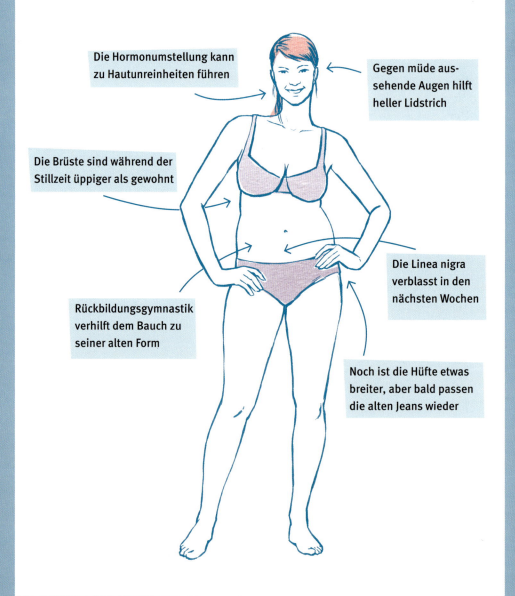

WAS FÜR ELTERN WOLLEN WIR SEIN?

Alle Kinder brauchen Eltern, die sie lieben und die für sie da sind. Die sie mit allem versorgen, was sie brauchen, und die sie vor Gefahren schützen. Um ihrem Kind all das geben zu können, ist es wichtig, dass Eltern sich wohlfühlen in ihrer neuen Rolle. Das klappt am besten, wenn sie sich diese nicht einfach überstülpen, sondern hineinwachsen. Wie das geht? Indem man sich überlegt, welche Überzeugungen und Werte einem wichtig sind, und nach einem Weg sucht, sein altes Ich mit den neuen Anforderungen in Einklang zu bringen.

Was uns als Eltern wichtig ist

Bin ich eine gute Mutter, ein guter Vater? Wohl alle Eltern treibt diese Frage immer wieder um – auch und gerade im ersten Jahr, wenn all das noch so neu ist: Mama sein, Papa sein. Der renommierte dänische Familientherapeut Jesper Juul rät frischgebackenen Müttern und Vätern dazu, sich von der Vorstellung zu verabschieden, immer in allem »gut« sein zu müssen. Kinder, so erklärt er, brauchen nicht immer gute Eltern. Sie brauchen vor allem **authentische Eltern,** die ihre Gefühle zeigen und zu sich selbst stehen. Eltern, die keine Rollen spielen, sondern zeigen, was sie fühlen, und meinen, was sie sagen. Und die den Mut aufbringen, auch als Eltern zuallererst sie selbst zu sein.

Kleine Selbstreflexion: Mutterbilder, Vaterbilder

- Was macht für mich eine »gute Mutter«, einen »guten Vater« aus? Wer kommt für mich diesem Ideal am nächsten? Was gefällt mir daran, wie diese Menschen ihre Mutter- bzw. Vaterrolle leben?

- Wie möchte ich als Mutter bzw. als Vater auf keinen Fall sein? Was soll mein Kind nie erleben müssen? Wie kann ich das gezielt verhindern?

- Wie verstehen wir uns als Eltern: als Team, das jede Entscheidung gemeinsam trifft und vertritt, oder als zwei Individuen, die ruhig unterschiedlich mit dem Kind umgehen können?

Perfekte Eltern gibt es nicht

Selbst für Eltern, die normalerweise nicht zum Perfektionismus neigen, ist es im Babyjahr oft schwer auszuhalten, wenn nicht alles gleich rundläuft. Denn das wunderbarste Baby der Welt hat doch die besten Eltern der Welt verdient – oder? Wie entlastend ist es da, dass Entwicklungspsychologen nicht nur zu berichten wissen, dass es in der gesamten Menschheitsgeschichte noch niemals perfekte Eltern gab, sondern auch, dass die Menschheit sonst wahrscheinlich bereits ausgestorben wäre. Denn perfekte Eltern sind für Kinder ein Graus: Wer immer alles weiß und kann, wird seinem Kind nie zeigen, dass Fehlermachen normal ist und zum Leben dazugehört. Von unperfekten Eltern lernen Kinder hingegen, wie man mit Frust umgeht, wie man sich nach Enttäuschungen wieder aufrappelt.

Wo Eltern Hilfe finden

Ein Baby zu bekommen ist wunderschön – und kann Eltern trotzdem an ihre Grenzen bringen. Trost und Hilfe bekommen Eltern hier:

Familienberatungsstelle. Termin vereinbaren und in einem vertraulichen Gespräch Anteilnahme und praktische Tipps bekommen. (www.profamilia.de, www.katholische-eheberatung.de, www.evangelische-beratung.info).

Das Elterntelefon des Kinderschutzbundes: 0800/111 0 550. Kostenlose, anonyme Telefonseelsorge speziell ausgerichtet auf die Sorgen von Müttern und Vätern, erreichbar Montag und Mittwoch von 9 Uhr bis 11 Uhr und Dienstag und Donnerstag von 17 Uhr bis 19 Uhr. Natürlich können Eltern auch bei der regulären Telefonseelsorge anrufen, die rund um die Uhr besetzt ist: 0800/111 0 111.

Elternsein: So geht's leichter

Dass es immer wieder Situationen gibt, in denen man einfach nicht weiterweiß, ist ganz normal – und fühlt sich trotzdem mies an. Das hilft:

- **Ein kluges Buch darüber lesen,** warum das eigene Kind so sein muss, wie es ist.
- **Den Alltag strukturieren,** anstatt jeden Tag aufs Neue zu improvisieren – das gibt Sicherheit.
- **Eine Haushaltshilfe oder einen Babysitter einstellen,** um sich selbst Pausen zum Nachdenken und Krafttanken zu ermöglichen.
- **Das eigene Verhalten reflektieren:** In welchen Momenten schaffe ich es nicht, mit meinem Kind so umzugehen, wie ich es eigentlich möchte? Wie kann ich dieses Muster durchbrechen und durch ein anderes ersetzen?

Familienhebamme. Auch Monate nach der Geburt können Eltern noch einmal Hebammenhilfe in Anspruch nehmen – zum Beispiel wenn der Beikoststart Probleme bereitet. Familienhebammen machen Hausbesuche und unterstützen bei Bedarf im gesamten ersten Jahr. Auf http://familienhebamme.de/adressliste.php finden Eltern eine Familienhebamme in ihrer Nähe. Beim ersten Gespräch die Frage der Kostenübernahme klären!

Bedürfnisorientierte Erziehung

Überall auf der Welt werden Babys mit denselben Grundbedürfnissen geboren, die sich seit der Steinzeit nicht verändert haben: Sie brauchen Nahrung, sie brauchen Schlaf, und sie brauchen Körperkontakt, um sich sicher und geborgen zu fühlen. Eltern können sich und ihrem Baby das Leben leichter machen, wenn sie ihren Kindern diese Bedürfnisse nicht abzutrainieren versuchen, sondern zugestehen und sensibel darauf reagieren. Typische Beispiele bedürfnisorientierter Erziehung im Alltag:

- Das Baby wird nicht nach der Uhr, sondern nach Bedarf gestillt.

- Das Baby wird einen Großteil des Tages am Körper eines Erwachsenen getragen, da es als Tragling dafür gemacht ist.

- Das Baby wird in den Schlaf begleitet und darf in der Nähe der Eltern schlafen, wenn ihm das gut tut.

- Das Baby wird immer getröstet, wenn es weint.

Die positiven Auswirkungen dieser Erziehung sind wissenschaftlich belegt: Babys schreien dadurch nicht nur weniger, sie entwickeln sich auch zu besonders zufriedenen und selbstständigen Persönlichkeiten.

Elternsein kostet Kraft

Das erste Jahr mit Baby ist eine ganz besondere Zeit. Selten liegen Freude und Sorge, Glück und Erschöpfung so nah beieinander. Schließlich sind beim ersten Kind alle Anfänger: Nicht nur fürs Baby ist alles neu, auch für seine Eltern. Da braucht man Geduld miteinander. Und gute Nerven. Und vor allem: Nachsicht mit sich selbst. So quält viele Eltern ein schlechtes Gewissen, wenn sie der Babyalltag anstrengt und manchmal einfach nur nervt: Sollte das hier nicht die glücklichste Zeit meines Lebens sein? Dabei sitzen sie einem weit verbreiteten Trugschluss auf, der Eltern enorm unter Druck setzt. Denn die schnöde Wahrheit ist: Babys machen nicht nur glücklich, sie können einen auch an die eigenen Grenzen bringen. Und Elternsein ist nicht jeden Tag einfach nur toll, sondern manchmal auch richtig frustrierend.

Eine Reise in die Zukunft

In manchen Momenten – etwa nachts, wenn das Baby schreit, anstatt zu schlafen – fühlt sich die Babyzeit endlos an. Dann hilft eine kleine Gedankenreise in die nicht allzu ferne Zukunft, in der die Nächte, in denen sich ein ruheloses Baby an die eigene Wange schmiegte, eine ferne Erinnerung sein werden. Denn auch wenn man es kaum glauben mag, wenn man mittendrin steckt: All das geht so schnell vorbei. Das Stillen und das Tragen, die Tränen bei den ersten Zähnchen, die Nächte zu dritt im Elternbett. Und was man im Babyalltag manchmal vermisst, kommt so schnell wieder: der ungestörte Schlaf, die Zeit für sich, die Freiheiten.

Sich einzulassen auf die Veränderungen, die das Leben mit Baby so mit sich bringt, ist manchmal nicht einfach. Aber es wird leichter, wenn man sich klarmacht, wie kurz die Babyzeit eigentlich ist. Was ist schon ein Jahr in einem ganzen Leben? Im Rückblick nicht mehr als ein Wimpernschlag.

Bücher, die weiterhelfen

Was Babys gut tut

Bohlmann, Sabine: *BabySpielZeit. Der große Spieleschatz für kleine Entdecker.* GRÄFE UND UNZER

Dibbern, Julia: *Geborgene Babys.* Anahita

Gonzales, Carlos: *In Liebe wachsen. Liebevolle Erziehung für glückliche Familien.* La Leche Liga Deutschland

Hüther, Gerald und Nitsch, Cornelia: *Wie aus Kindern glückliche Erwachsene werden.* GRÄFE UND UNZER

Kirkilionis, Evelin: *Ein Baby will getragen sein.* Kösel

Renz-Polster, Herbert: *Kinder verstehen. Wie die Evolution unsere Kinder prägt.* Kösel

Weigert, Vivian und Paky, Franz: *Babys erstes Jahr: Monat für Monat das Beste für Ihr Kind.* GRÄFE UND UNZER

Stillen und Ernährung

Eugster, Gabi: *Babyernährung gesund und richtig.* Elsevier

Gonzales, Carlos: *Mein Kind will nicht essen.* La Leche Liga Deutschland

Guóth-Gumberger, Márta und Hormann, Elisabeth: *Stillen.* GRÄFE UND UNZER

Laimighofer, Astrid: *Babyernährung.* GRÄFE UND UNZER

Schlafen

Lüpold, Sibylle: *Ich will bei euch schlafen. Ruhige Nächte für Eltern und Kinder.* Urania

Pantley, Elizabeth: *Schlafen statt Schreien.* Trias

Sears, William: *Schlafen und Wachen.* La Leche Liga International

Gesundheit und Pflege

Drössel, Antje: *Das Schmuse-Wickel-Buch. Die besten Bewegungs- und Entspannungsübungen für Ihr Baby.* Kösel

Keudel, Helmut: *Kinderkrankheiten.* GRÄFE UND UNZER

Stellmann, Michael und Soldner, Georg: *Kinderkrankheiten natürlich behandeln.* GRÄFE UND UNZER

Empfehlenswerte Internetseiten

www.eltern.de

Die Website der renommierten Zeitschrift »Eltern« bietet eine umfangreiche Informationsplattform rund ums Thema Familie mit Artikeln aus der Print- und Online-Redaktion sowie der größten deutschsprachigen Familien-Community im Netz.

www.familienhandbuch.de

Umfangreiches Online-Nachschlagewerk des Staatsinstituts für Frühpädagogik, in dem Fachleute verschiedener Disziplinen breitgefächert Informationen rund ums Kinderhaben und Elternsein bereitstellen. Nicht alle Artikel sind dabei empfehlenswert, aber die meisten.

www.ferbern.de

Informative Website, die sich kritisch mit Schlaflernprogrammen auseinandersetzt und Alternativen aufzeigt.

www.Hebamme4U.net

Hebamme Marlies Grein teilt ihr gesammeltes Fachwissen aus über 30 Jahren Berufserfahrung und beantwortet in informativen Artikeln fast jede denkbare Frage zu den Themen Schwangerschaft, Geburt und Babyzeit. Das angeschlossene Forum bietet Gelegenheit zum Austausch sowie kompetenten Rat in Fachfragen.

www.Rehakids.de

Größtes deutschsprachiges Internetforum für Eltern besonderer Kinder. Ob leichte Entwicklungsverzögerung oder schwere Behinderung: Hier finden Betroffene Austausch, Trost und Rat.

www.Rabeneltern.org

Bei den Rabeneltern sind alle richtig, die sich für einen respektvollen Umgang mit Kindern interessieren. Die Seite bietet umfangreiche Informationen zum Leben mit Baby sowie ein lebendiges Internetforum mit Expertenbereich.

www.Stillen-und-Tragen.de

Internetforum für alle, die sich über einen bedürfnisorientierten Umgang mit Babys und Kleinkindern austauschen wollen. Zertifizierte Still- und Trageberaterinnen geben Auskunft bei Fachfragen.

www.babyfreundlich.org

Internetauftritt der WHO/UNICEF-Initiative »Babyfreundliches Krankenhaus«. Unter dem Stichpunkt »Eltern« sind aktuelle Empfehlungen zu vielen wichtigen Babythemen zusammengestellt.

Register

A

Abendmilch 47
AbenteuerKinderwelt 141
Abnabeln 5
Abpumpen 44
Abstillen 45
Airbag 115
Anlegen 5, 30
Aufstoßen lassen 31
Augen, geschwollene 6
Augenringe 12
Ausscheidung 35
Auto-Babyschale 114

B

Babyblues 17
Babykleidung 66
Babykurse 141
Babylegs 67
Babymützchen 67
Babyschale 112
Badeeimer 62, 63
Baden 61
Baderitual 10
Badezusatz 63
Bedürfnisorientierte
  Erziehung 154
Beikostverweigerer 129
Beziehungsprobleme 18
Bindung 8
Biolebensmittel 123
Blähungen 12
Blutschwämmchen 7
Bodys 66
Bonding 9
BPA 49
Brei füttern 119
Brei, Grundrezept 127
Brüste, pralle 12, 34
Brusternährungsset 42

Brustwarzen,
  wunde 27, 40
Buggy 113

C

C-Griff 31
Cluster-Feeding 30

D

Diaphragma 145
Drehen 133
Dreimonatsspritze 145
Durchschlafen 85

E

Einmal-Stilleinlagen 12
Einschlafassoziation 89
Einschlafen 79
Einschlafritual 82
Einschlaftricks 81
Eisenspiegel 128
Elterngeld 21
Elterntelefon 153
Elternzeit 21
Emmi Pikler 141
Erziehung 151, 152, 154

F

Fahrradanhänger 116
Familienberatungs-
  stelle 153
Familienbett 87
Fertigtrage 108, 110
Feuchttücher 59
Fieber messen 77
Fingerfood 126
Fingerzahnbürste 64
Fläschchen geben 46
Fläschchen
  sterilisieren 49
Fläschchen zubereiten 50
Fläschcheneltern 52
Fläschchenmahlzeit 48

Fliegen 117
Flockenwindeln 12
Folgemilch 47
Football-Griff 33
Förderfernsehen 140
Fruchtbarkeits-
  computer 145
Füttern nach Bedarf 25

G

Geburtsverletzungen 11
Geschmacks-
  verstärker 122
Gläschenbrei 125
Glasfläschchen 49
Greifen 133

H

HA-Milch 46
Hebamme 13, 16
Honig 122

I/J

Impfen 73, 74
Impfplan 74
Internet 13
Jojoba-Öl 13

K/L

Kalorienbedarf Baby 47
Käseschmiere 5
Kinderarzt 69
Kindergeld 23
Kindersichere
  Umgebung 137
Kinderwagen 111
Kindspech 35
Kondom 13, 144
Kopfgneis 65
Krabbeln 134
Kuscheltier 88
Lächeln 132

M

Medikamente 42
Mei Tai 107
Mekonium 35
Milch, zu viel /
    zu wenig 40
Milcheinschuss 34
Milchpause 89
Milchschorf 65
Milchstau 41
Milien 7
Mutterbilder 152
Muttergefühle 10
Muttermilch 13, 25
Muttermilch aufbewah-
    ren 44
Mütterpflegerin 16
Mutterschaftsgeld 19
Mutterschutz 19

N

Nabelpflege 63
Nachsorgehebamme 11
Nachwehen 14
Nägel schneiden 64
Neugeborenen-
    Exanthem 7
Neugeborenenreflexe 132

O

Ohren säubern 65
Osteopathie 102

P

Pille 144
Pinzettengriff 135
Plastikfläschchen 49
Po, wunder 60
Pre-Nahrung 25, 46
Pucken 83
Puder, austrocknender 63
Pumpstillen 38

Q

Quark 14
Quengeln 98

R

Relaktation 53
Ringsling 107
Rückbildung 148, 149
Rückbildungsgymnas-
    tik 14, 149

S

Salz 122
Schlafenszeiten, feste 80
Schlafhemmer 91
Schlaflernprogramme 90
Schlafzyklen 85
Schlummermilch 47
Schnuller 37, 101
Schreiambulanzen 105
Schreibabys 104
Schreien 98, 99, 100
Schritte, erste 136
Schütteln 103
Schutzimpfung 73
Schwangerschafts-
    streifen 149
Sex 143, 146, 147
Shampoo 65
Soor 41
Spiele 139
Spirale 145
Spuckbaby 35
Stehen 136
Still-BH 29
Stillberatung 16, 39
Stilleinlagen 29
Stillen im Liegen 33
Stillkissen 29
Stillpositionen 32
Stoffwindeln 55, 57

Storchenbiss 7
Strampelanzüge 67

T

Talgpickelchen 7
Teilstillen 38
Trageberaterin 16, 108
Tragehilfen 107
Tragen 9, 102, 105,
    107, 154
Tragetuch 107, 109
Trinkpause 89

U

U-Untersuchungen 70,
    71, 72
Umbetten 80
Urvertrauen 9

V

Vaterbilder 152
Verhütung 144
Verwöhnen 87, 103
Vitamin K 15

W

Wegwerfwindeln 55, 56
Wickelauflage 58
Wickeln 55, 59, 60
Wickeltisch 58
Wiegegriff 32
Wiegen 36
Windeleimer 58
Windelfrei 60
Wochenbett 11
Wochenbettdepression 17
Wochenfluss 15

Z

Zahnpflege 64
Zäpfchen einführen 77
Zucker 47, 122
Zungenstreckreflex 120

Impressum

Die Autorin

Nora Imlau, geb. 1983, ist Journalistin und Fachautorin für Familienthemen. Seit einigen Jahren schreibt sie für die Zeitschrift »Eltern«, verfasst dort Titelgeschichten und konzipiert Sonderhefte rund ums Baby. Sie pflegt enge Kontakte mit namhaften Experten verschiedener Disziplinen und steht in regem Austausch mit anderen Müttern und Vätern. Nora Imlau ist Mutter von zwei kleinen Töchtern, Linnea und Annika.
www.nora-imlau.de

© 2012 GRÄFE UND UNZER VERLAG GmbH, München

Alle Rechte vorbehalten. Nachdruck, auch auszugsweise, sowie Verbreitung durch Film, Funk, Fernsehen und Internet, durch fotomechanische Wiedergabe, Tonträger und Datenverarbeitungssysteme jeder Art nur mit schriftlicher Genehmigung des Verlages.

Projektleitung: Monika Rolle
Lektorat: Margarethe Brunner
Umschlaggestaltung und Layout: independent Medien-Design, Horst Moser, München
Herstellung: Christine Mahnecke
Satz: griesbeckdesign, München
Repro: Repro Ludwig, Zell am See
Druck, Bindung: Printer, Trento

ISBN 978-3-8338-2401-2

1. Auflage 2012

Wichtiger Hinweis

Die Informationen und Ratschläge in diesem Buch stellen die Meinung bzw. Erfahrung der Autorin dar. Sie wurden von ihr nach bestem Wissen erstellt und mit größtmöglicher Sorgfalt geprüft. Es ist Ihre Entscheidung in eigener Verantwortung, ob und inwieweit Sie die in diesem Buch dargestellten Methoden, Tipps und Maßnahmen anwenden möchten und können. Weder Autorin noch Verlag können für eventuelle Nachteile oder Schäden, die aus den im Buch gegebenen praktischen Hinweisen resultieren, eine Haftung übernehmen.

Bildnachweis

Illustrationen:
Stefan Bachmann, Wiesbaden

Weitere Abbildungen:
Dominik Asbach (S. 160). Stefan Bachmann (S. 2, 25). Fotalia (S. 2-3, 54, 68, 96, 130). Independent Medien Design (U1, Seite 1). Shutterstock (S. 2-3, 5, 106, 118, 143). Thinkstock (S. 2, 78).

Syndication:

www.jalag-syndication.de

Die GU-Homepage finden Sie im Internet unter www.gu.de

Ein Unternehmen der
GANSKE VERLAGSGRUPPE

Unsere Garantie

Alle Informationen in diesem Ratgeber sind sorgfältig und gewissenhaft geprüft. Sollte dennoch einmal ein Fehler enthalten sein, schicken Sie uns das Buch mit dem entsprechenden Hinweis an unseren Leserservice zurück. Wir tauschen Ihnen den GU-Ratgeber gegen einen anderen zum gleichen oder ähnlichen Thema um.

Liebe Leserin und lieber Leser,

wir freuen uns, dass Sie sich für ein GU-Buch entschieden haben. Mit Ihrem Kauf setzen Sie auf die Qualität, Kompetenz und Aktualität unserer Ratgeber. Dafür sagen wir Danke! Wir wollen als führender Ratgeberverlag noch besser werden. Daher ist uns Ihre Meinung wichtig. Bitte senden Sie uns Ihre Anregungen, Ihre Kritik oder Ihr Lob zu unseren Büchern. Haben Sie Fragen oder benötigen Sie weiteren Rat zum Thema? Wir freuen uns auf Ihre Nachricht!

Wir sind für Sie da!
Montag–Donnerstag:
8.00–18.00 Uhr;
Freitag: 8.00–16.00 Uhr
Tel.: 0180-5 00 50 54*   *(0,14 €/Min. aus
Fax: 0180-5 01 20 54*   dem dt. Festnetz/
E-Mail: Mobilfunkpreise
leserservice@graefe-und-unzer.de maximal 0,42 €/Min.)

P.S.: Wollen Sie noch mehr Aktuelles von GU wissen, dann abonnieren Sie doch unseren kostenlosen GU-Online-Newsletter und/oder unsere kostenlosen Kundenmagazine.

GRÄFE UND UNZER VERLAG
Leserservice
Postfach 86 03 13
81630 München*